从零开始学
SEO搜索引擎优化

倪涛◎编著

机械工业出版社
China Machine Press

图书在版编目（CIP）数据

从零开始学SEO搜索引擎优化 / 倪涛编著. —北京：机械工业出版社，2018.3（2021.3重印）

ISBN 978-7-111-59395-9

Ⅰ. 从… Ⅱ. 倪… Ⅲ. 网络营销 Ⅳ. F713.365.2

中国版本图书馆CIP数据核字（2018）第048794号

本书从SEO（搜索引擎优化）的基础知识开始讲解，然后通过大量的例子，手把手带领读者学习SEO，教会读者如何通过SEO实现盈利。这无论是对个人网站站长，还是对企业网站运营者，都有很高的价值。

本书共8章，详细地介绍了如何从一个SEO小白进阶成为SEO高手。涵盖的主要内容有SEO的基本概念、学习SEO的方法、搜索引擎的运作原理、站内优化、关键词优化、SEO营销载体与引流、WAP站点优化和SEO盈利之路等。掌握好本书内容，相信读者不仅可以获得一份高薪工作，而且还可以借鉴书中讲解的思路自己创业并获得成功。

适合阅读本书的读者群体有：SEO初学者、SEO进阶人员、有意向进入互联网的年轻人、对互联网营销感兴趣的人、希望摆脱枯燥乏味工作的人以及一些对互联网并不熟悉的传统企业经营者。

从零开始学 SEO 搜索引擎优化

出版发行：机械工业出版社（北京市西城区百万庄大街22号　邮政编码：100037）	
责任编辑：欧振旭　李华君	责任校对：姚志娟
印　　刷：北京建宏印刷有限公司	版　　次：2021年3月第1版第6次印刷
开　　本：186mm×240mm　1/16	印　　张：13.25
书　　号：ISBN 978-7-111-59395-9	定　　价：49.00元

凡购本书，如有缺页、倒页、脱页，由本社发行部调换

客服热线：（010）88379426　88361066　　投稿热线：（010）88379604

购书热线：（010）68326294　　　　　　　　读者信箱：hzit@hzbook.com

版权所有・侵权必究
封底无防伪标均为盗版

本书法律顾问：北京大成律师事务所　韩光/邹晓东

前言

SEO（搜索引擎优化）是伴随着互联网而生的。最早提出 SEO 一词是在 1997 年，当时中国的互联网并不发达。在互联网发展至今的 20 多年时间时里，SEO 逐渐形成了一套完整的操作流程。说到操作，许多人会认为 SEO 是一门技术。但其实在笔者看来，SEO 不仅是一门技术，更是一种思维。SEO 可以算得上是理论结合实际操作，并不断更新的一门技术。对于一些不懂互联网的"小白"（新手）来说，他们往往并不懂 SEO 具体是做什么的。尤其是一些没有进行过系统学习的人，更无法进入这个领域。如何让那些没有接触过系统培训学习而又对互联网充满兴趣，甚至想通过互联网获得收益的人快速地从"网络小白"到 SEO 实战高手，正是本书创作的初衷。

笔者大学毕业后从一个"小白"开始，先做程序开发工作，然后又从事 SEO 的相关工作，再后来创业，积累了 8 年的从业经验，也因此改变了自己的人生。本书便是想将这段期间笔者积累的一些技术、经验和建议分享给广大读者。

本书采用了从基础到进阶再到深入的学习梯度进行讲解，注重实际操作和应用，让读者能真正地学以致用。在本书中，笔者剔除了很多对读者没有太大价值的内容，而是将更多更加有效和实用的知识介绍给读者，将 SEO 的精华结合自己的从业经验分享给读者，让读者明白仅仅掌握 SEO 的理论知识远远不够，而是要通过实际操作来加深 SEO 的理解。本书介绍的都是笔者总结的一些有较高价值的经验之谈，相信对读者会有启发。

本书特色

1. 从零开始学SEO，让"网络小白"快速入门

本书从 SEO 基础知识开始讲解,详细介绍了网站如何通过 SEO 获取排名和引入流量，并通过流量达成交易。通过一步步的操作讲解，提高读者的实际动手能力和数据分析能力，

从而快速入门。

2. 重点内容突出，让"网络小白"快速提升

本书对重点内容都做了细致的讲解，如站内优化、外链引流和关键词优化等，尤其对 SEO 优化的内容更是重点讲解。从快速建站，到关键词的定位，到网络引流，再到原创文章的撰写，本书内容重点突出，一步步引导读者学习，从而快速提升读者的 SEO 优化水平。

3. 操作步骤详细，让"网络小白"快速掌握

本书讲解时对一些实际操作都给出了非常详细的步骤，读者只需要按照书中给出的步骤一步步操作，就可以快速掌握这些内容和技巧。

4. 应用实例丰富，让"网络小白"成为高手

本书不仅详细介绍了 SEO 的基础知识和实际操作步骤，而且还介绍了一些应用实例，这些实例可以开阔读者的视野，来提升应用技能和水平，以便脱离仅仅只会发外链的入门水平，而真正成为一名高手。

5. 总结从业经验，内容更具指导意义

笔者从大学便开始接触编程，并自己建站、做 SEO 运营，毕业之后便开始了创业之路，所以更加了解一个 SEO 从业人员应该怎么学习。本书是对自己 SEO 从业的经验总结，书中的内容对从事该行业的读者有很好的指导意义。本书以解决实际问题为目标，书中介绍的原创文章等例子均是笔者亲身经历的真实案例，具有很高的学习价值。

本书内容

第 1 章从零开始学 SEO，主要介绍了 SEO 的基本概念、常用词汇，以及做 SEO 之前的准备工作等内容，并对已经过时的 SEO 方法做了简要介绍。

第 2 章 SEO 进阶步骤，主要介绍了 SEO 实操的准备和优化阶段，以及 SEO 的分类和学好 SEO 的一些方法。

第 3 章深入理解搜索引擎，首先介绍了搜索引擎的基础概念和一些主流的搜索引擎，然后对搜索引擎的搜索方式、喜好，以及 SEO 常用的一些命令做了详细介绍。

第4章站内优化的关键细节，首先介绍了站内优化的重要性、四大技巧和注意事项，然后详细介绍了网站的三大要素——T、K、D及URL优化的相关知识。

第5章关键词优化详解，首先介绍了关键词的选择、分类和定位，然后分析了关键词优化的原因和各种关键词优化的具体方法。

第6章SEO营销载体与引流，首先介绍了SEO的载体——原创内容，并详细介绍了外链引流的7大招式，最后对分裂式营销做了必要讲解。

第7章WAP站点优化，主要介绍了WAP网站的概念、WAP站点的优化方法及WAP站点优化的注意事项。

第8章SEO的盈利之路，主要介绍了如何利用SEO来优化网站排名而获得盈利的一些方法，并给出了笔者的一些实际经验总结。

本书读者对象

- 学习SEO的入门新手；
- 从事网络营销的职场"小白"；
- 职场外推想要转为SEO的人员；
- 想要通过SEO获得盈利的人员；
- 对SEO感兴趣的高校学生；
- 想要通过互联网推广产品的营销人员；
- 对网络有兴趣并想深入研究的人员；
- 各类程序员和网站工程师。

本书作者

本书由倪涛主笔编写，其他参与编写的人员有张昆、张友、赵桂芹、张金霞、张增强、刘桂珍、陈冠军、魏春、张燕、孟春燕、项宇峰、李杨坡、张增胜、张宇微、张淑凤、伍云辉、孟庆宇、马娟娟、李卫红、韩布伟、宋娟、郑捷、方加青、曾桃园、曾利萍、谈康太、李秀、董建霞、方亚平、李文强、张梁、邓玉前、刘丽、舒玲莉、孙敖。

虽然我们对书中所述内容都尽量核实，并多次进行文字校对，但因时间所限，加之水平所限，书中可能还存在疏漏和错误，敬请广大读者批评、指正。联系我们请发E-mail到hzbook2017@163.com。

目录

前言

第1章 从零开始学 SEO ... 1
1.1 SEO 的基础概念 ... 1
1.1.1 什么是百度蜘蛛（Spider） ... 1
1.1.2 百度权重 ... 4
1.1.3 站长工具 ... 5
1.1.4 百度指数 ... 6
1.2 SEO 常用词汇 ... 9
1.2.1 爬行 ... 9
1.2.2 索引 ... 11
1.2.3 收录 ... 13
1.2.4 排名 ... 15
1.2.5 robots 文件 ... 16
1.3 已经过时的 SEO 方法 ... 18
1.3.1 大量使用采集和伪原创 ... 18
1.3.2 刻意堆砌关键词假象 ... 20
1.3.3 SEO 代码隐藏 ... 22
1.3.4 购买高权重外链 ... 24
1.3.5 垃圾站群技术 ... 26
1.4 做 SEO 之前的准备工作 ... 27
1.4.1 域名、空间和备案 ... 28
1.4.2 了解简单的 CMS 程序 ... 30
1.4.3 确定好网站的定位 ... 34
1.4.4 制定每日的量化工作 ... 35

第2章 SEO 进阶步骤 ... 37
2.1 SEO 实操之准备阶段 ... 37
2.1.1 合理规划 ... 37
2.1.2 学会建站 ... 39
2.1.3 了解百度算法 ... 40
2.1.4 掌握数据分析 ... 42

2.2 SEO 实操之优化阶段 ... 44
2.2.1 SEO 优化步骤 ... 44
2.2.2 SEO 优化公式 ... 45
2.2.3 SEO 常见现象 ... 46
2.2.4 网站改版 ... 47
2.2.5 网站惩罚 ... 49
2.3 SEO 分类 ... 51
2.3.1 白帽 SEO ... 51
2.3.2 黑帽 SEO ... 52
2.3.3 灰帽 SEO ... 53
2.4 学好 SEO 的方法 ... 54
2.4.1 模仿 ... 55
2.4.2 量化目标之流量 ... 55
2.4.3 量化目标之软文和外链 ... 56
2.4.4 贪心不可有，谁有谁倒霉 ... 57
2.4.5 小结 ... 57

第 3 章 深入理解搜索引擎 ... 58
3.1 搜索引擎详解 ... 58
3.1.1 搜索引擎的起源 ... 58
3.1.2 搜索引擎的发展 ... 59
3.1.3 搜索引擎的排名规则 ... 62
3.1.4 影响搜索引擎排名的因素 ... 64
3.2 主流的搜索引擎 ... 65
3.2.1 搜索引擎和浏览器 ... 66
3.2.2 百度搜索引擎 ... 66
3.2.3 360 搜索引擎 ... 67
3.2.4 搜狗搜索引擎 ... 68
3.2.5 神马搜索引擎 ... 69
3.3 搜索方式 ... 69
3.3.1 垂直搜索 ... 70
3.3.2 集合式搜索 ... 71
3.3.3 门户搜索 ... 71
3.3.4 搜索引擎的负面影响 ... 71
3.4 搜索引擎的喜好 ... 72
3.4.1 网站常见的结构图 ... 72
3.4.2 爷父子，首页最重要 ... 75
3.4.3 内链锚文本的搭建 ... 77
3.4.4 原创文章的重要性 ... 78
3.4.5 空间的稳定性 ... 79
3.5 SEO 常用命令 ... 81

- 3.5.1 site 命令 ... 82
- 3.5.2 info 命令 ... 83
- 3.5.3 domain 命令 ... 84
- 3.5.4 intitle 命令 ... 84

第 4 章 站内优化的关键细节 ... 86

- 4.1 站内优化的重要性 ... 86
  - 4.1.1 提高网站的粘黏性 ... 87
  - 4.1.2 重点优化关键词 ... 89
  - 4.1.3 长尾相关流量 ... 92
- 4.2 站内优化四大技巧 ... 93
  - 4.2.1 减少相互链接 ... 93
  - 4.2.2 区别友情链接 ... 94
  - 4.2.3 文章的关联性 ... 95
  - 4.2.4 锚文本单一性 ... 95
- 4.3 网站三大要素——T、K、D 详解 ... 96
  - 4.3.1 怎么写好标题（title） ... 97
  - 4.3.2 怎么写好关键词（keywords） ... 98
  - 4.3.3 怎么写好描述（description） ... 100
- 4.4 站内优化的细节 ... 101
  - 4.4.1 提高网站的访问速度 ... 101
  - 4.4.2 勤于提交百度收录 ... 103
  - 4.4.3 H 标签什么时候用 ... 104
  - 4.4.4 图片优化 ... 105
  - 4.4.5 文章完善 ... 106
- 4.5 站内优化的注意事项 ... 107
  - 4.5.1 死链 ... 107
  - 4.5.2 外部链接 ... 108
  - 4.5.3 网站常用工具 ... 109
- 4.6 URL 优化 ... 111
  - 4.6.1 URL 路径分类 ... 112
  - 4.6.2 URL 命名技巧 ... 114
  - 4.6.3 URL 的长度 ... 115
  - 4.6.4 URL 重定向 ... 117
  - 4.6.5 URL 静态化 ... 118

第 5 章 关键词优化详解 ... 122

- 5.1 关键词的选择 ... 122
  - 5.1.1 什么是关键词 ... 122
  - 5.1.2 关键词的作用 ... 124
  - 5.1.3 关键词的品牌价值 ... 125

5.1.4 关键词和搜索词的区别 ··· 126
　　5.1.5 关键词应该出现在哪里 ··· 127
　　5.1.6 寻找关键词的方法 ··· 129
5.2 关键词的分类 ··· 131
　　5.2.1 热门关键词 ·· 132
　　5.2.2 一般关键词 ·· 132
　　5.2.3 冷门关键词 ·· 133
　　5.2.4 短尾关键词 ·· 133
　　5.2.5 长尾关键词 ·· 134
　　5.2.6 主要关键词 ·· 135
　　5.2.7 辅助关键词 ·· 136
5.3 关键词的定位 ··· 136
　　5.3.1 关键词的结构特征 ··· 136
　　5.3.2 关键词的设计方法 ··· 138
　　5.3.3 特色关键词 ·· 138
　　5.3.4 3个核心关键词 ··· 140
　　5.3.5 网站相关度 ·· 140
5.4 关键词优化 ·· 141
　　5.4.1 为什么要做关键词优化 ·· 142
　　5.4.2 关键词优化技巧 ·· 143
　　5.4.3 关键词排名的区别 ··· 145
　　5.4.4 首页标题优化 ··· 145
　　5.4.5 二级分类优化 ··· 147
　　5.4.6 文章内页优化 ··· 147
　　5.4.7 提升关键词排名的方法 ·· 149
　　5.4.8 影响关键词排名的因素 ·· 150

第6章 SEO营销载体与引流 152

6.1 原创内容是SEO的载体 ··· 152
　　6.1.1 原创内容的作用 ·· 153
　　6.1.2 高质量原创文章带来的价值 ·· 155
　　6.1.3 好的标题是成功的一半 ·· 156
　　6.1.4 怎么写好文章的开头 ··· 156
　　6.1.5 怎么写好文章的正文 ··· 157
　　6.1.6 怎么写好文章的结尾 ··· 159
　　6.1.7 案例1：王三峰的那个相亲对象 ····································· 160
　　6.1.8 案例2：爱情公寓新剧情——陈小华真的逆袭了林宛瑜 ····· 162
6.2 外链引流7大招 ··· 164
　　6.2.1 利用百度风云榜引流 ··· 165
　　6.2.2 利用热播电影或电视剧引流 ·· 166
　　6.2.3 利用百度贴吧引流 ··· 167

         6.2.4 利用百度照片引流 ·················· 168
         6.2.5 利用自媒体平台引流 ·················· 168
         6.2.6 利用"百度知道"引流 ·················· 169
         6.2.7 利用微信引流 ·················· 171
    6.3 分裂式营销 ·················· 172
         6.3.1 什么是分裂式营销 ·················· 172
         6.3.2 分裂式营销的特点 ·················· 174
         6.3.3 分裂式营销的传播渠道 ·················· 175
         6.3.4 分裂式营销的误区和缺点 ·················· 177

第 7 章 WAP 站点优化 ·················· 179
    7.1 WAP 网站 ·················· 179
         7.1.1 什么是 WAP 网站 ·················· 179
         7.1.2 WAP 网站和 PC 端网站的区别 ·················· 181
         7.1.3 如何搭建一个合适的 WAP 网站 ·················· 182
    7.2 优化 WAP 站点 ·················· 183
         7.2.1 用户角度优化 ·················· 183
         7.2.2 搜索引擎优化 ·················· 184
         7.2.3 速度优化 ·················· 185
         7.2.4 转码优化 ·················· 186
         7.2.5 细节优化 ·················· 187
    7.3 WAP 站点优化注意事项 ·················· 188
         7.3.1 精简内容 ·················· 189
         7.3.2 尺寸定位 ·················· 190
         7.3.3 按需加载 ·················· 191

第 8 章 SEO 的盈利之路 ·················· 192
    8.1 网站盈利并不难 ·················· 192
         8.1.1 流量盈利 ·················· 192
         8.1.2 出租二级域名盈利 ·················· 194
         8.1.3 做有发展前景的网站来盈利 ·················· 194
         8.1.4 为客户提供服务来盈利 ·················· 196
    8.2 实操经历——自媒体周入两万 ·················· 197

后记 ·················· 199

第 1 章　从零开始学 SEO

SEO 的意思是搜索引擎优化，它一般由两部分组成：站内优化和站外优化。站内优化主要是指通过网站技术、网站内容结构、域名、服务器和代码等操作，促使用户的网站能够在百度搜索引擎当中获得更好的排名；而站外优化可以理解为，通过在第三方平台发布一些与网站本身相关的信息，并通过第三方网站提供的品牌词及外部链接来提高网站的曝光度。

SEO 作为一门网络技术一直存在于互联网应用中。有一些对网站 SEO 特别感兴趣的人，他们通过努力学习，希望自己所优化的关键词能展示在搜索引擎的首页，以此来提高网站的访客数量和对话量，最终促成业务成交，我们将这类人统称为 SEOer，也就是从事 SEO 工作的人员。

1.1　SEO 的基础概念

在学习 SEO 的时候需要掌握网络的相关知识。记住，我们是 SEO 工作者，而不是单一的外推专员。SEO 并不是指简单地做一个网站就能够获得好的排名。这种模式在 2005 年之前是有效的，但是在互联网快速发展的今天，我们需要不断学习，并了解 SEO 的相关知识。

想要成为一名专业的 SEO 人员，需要在一开始就做好定位，而不能没有目标地学习。目前 SEO 人才分为几类：策略型人才、项目型人才、数据型人才、技术型人才、执行型人才、资源型人才和综合型人才。接下来，让我们来一起了解 SEO 吧。

1.1.1　什么是百度蜘蛛（Spider）

在了解百度蜘蛛之前，我们需要先了解什么是网络。其实我们所说的网络一般指互联网。我们可以将网络比喻成一张巨大而无边际的蜘蛛网,而网站可以比喻成这张蜘蛛网上的每个节点,节点上有哪些信息需要去搜集,就有了"蜘蛛"这种自动化的程序。例如,百度"蜘蛛"就是针对百度搜索引擎而下的定义。

例如,以某个站点为中心,通过在不同的平台间发布相应的外链(即外部链接),如图1-1所示,从而形成一张有效的蜘蛛网。

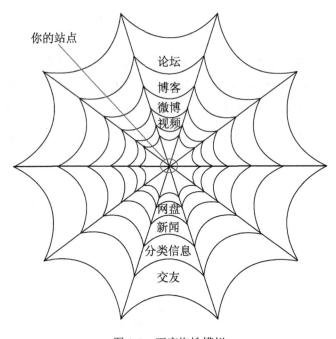

图1-1 百度蜘蛛模拟

1. 工作原理

百度作为中国最大的搜索引擎,有一套自己的算法。而百度蜘蛛就是通过这套算法来抓取相应的网站,并对这些网站进行判断。

2. 分类

百度经过多年的更新,面对不同的网站也给出了不同的蜘蛛分类,让这些蜘蛛有效地去判断网站的价值。而百度蜘蛛一般分为3类:高级蜘蛛、中级蜘蛛和初级蜘蛛。每种蜘蛛就像我们人的职位一样,对网站进行不同的分工。

(1)高级蜘蛛:这种蜘蛛只会去爬行一些权重高的网站。我们经常会发现,为什么在其他大型网站发外链都会秒收,而自己的网站却不收录。原因就是高级蜘蛛在爬行网站的时候有各种优先权,如来访率高、爬行深度高、收录快和排名好等。

(2)中级蜘蛛：这种蜘蛛会通过一些网站的友情链接及外链进入一个新的网站,然后会对新的网站再次进行判断,如新的网站内容是否优质、原创,并删除一些劣质的内容。

(3)初级蜘蛛：初级蜘蛛就像一个小门槛,要求不高,审核频率也不高。其只会针对一些新站进行过滤,经过一段时间之后再来判断是否值得放出来。出现这种情况的主要原因是新网站太多,但是好的新网站却很少。互联网提供的是优质的内容,过不了审核期的新网站自然不会放出来。这种情况一般叫做沙盒期,这也是很多新网站无法坚持下去的原因。

3. 禁止爬行

百度蜘蛛是一个勤劳的"工作者",但是有的时候我们又不想它太勤劳了。尤其是一些新网站,很多新手站长没有确定好自己网站的定位,会不停地修改网站的关键词。而这种情况就会导致百度蜘蛛无法对网站准确地定位,久而久之网站就会被其抛弃了。

解决这种情况的办法有两种：一种是通过本地搭建的虚拟服务器,做好网站程序,并填充了相应的网站内容之后再进行上传,这样从本地开始就针对网站进行全方位的优化,包括代码、图片和文字等;另一种是通过屏蔽百度蜘蛛的代码,将整个网站全体屏蔽到 robots.txt 文件中。

4. 抓取时间

百度蜘蛛的抓取时间,决定了网站更新的内容是否能快速收录。

例如,周一更新的频率比较高,最好是在早上 8 点~10 点进行更新;周二可以作为周一的铺垫,进行持续更新;周三百度会对所有的关键词进行洗牌,也就是说这个时候将决定你的关键词是否有机会更加靠前;周四百度会对周三抓取到的数据进行定位,然后排名。而剩下来的几天,保证持续更新就好。

当然我们需要了解的是,百度在不断地更新和变动,我们需要通过长时间的分析才能判断出百度蜘蛛的抓取时间。如果所采用的方法不奏效,就需要再次分析判断了。

5. 收录规则

作为新手站长,一般都会非常关心自己的网站收录情况,而百度在 2017 年更新算法之后,同样将收录的时间做了调整,由之前的 1~2 个月,缩短到现在的 1~2 周。

6. 模拟

百度蜘蛛的模拟是为了让 SEO 更加透明化而给的一个定义，我们可以通过一些平台所提供的模拟工具，来了解百度蜘蛛的工作情况，如百度站长平台、搜外网等。

1.1.2 百度权重

百度权重这个定义并不官方，因为百度并没有公开认可这个说法。但是由于百度官方也没有给出一个完整判断网站价值的标准，因此经过多年的发展，人们也默认了百度权重这个说法，权重越高，网站越好。

很多人会将百度权重和谷歌 PR 值、搜狗 SR 值、360 权重列为一类，其实并不是这样的。百度权重更多的是由站长工具和爱站工具（与站长工具平级的一款查询工具）针对关键词的排名进行的评级。

1. 作用

百度权重仅仅是针对网站关键词的定义，因为用户在网上搜索信息的时候，都是围绕关键词而展开的。如果某个关键词流量越大，则网站排名越靠前，自然权重也就越高。网站的权重高低仅与关键词的搜索量及网站的优先级有关。

2. 权重与PR

在网络刚开始发展的时期，谷歌占据了包括中国在内的全球大部分市场，所以为了让用户明白哪些网站的权值更好，谷歌搜索引擎开发了一种叫做 PR 值的定义。而百度权重并不公开，但也是存在的，如图 1-2 所示。

图 1-2　权重与 PR

3．站长工具与爱站

这两种工具是目前网络上主流判断网站好坏的平台，但是很多人会好奇，为什么两个站点查询的数据不一样呢？

其实这个很好解释，因为这两个站点都不正规，两个站点的算法评判标准也不一样，自然查询的数据就不一样了。

4．权重等级

0~99，百度权重1；100~499，百度权重2；500~999，百度权重3；1000~4999，百度权重4；5000~9999，百度权重5；10 000~49 999，百度权重6；50 000~199 999，百度权重7；200 000~999 999，百度权重8；大于1 000 000，百度权重9。

0~99 含义：是指通过某个关键词访问网站的独立访客有0~99个。这个数据并不准确，所以在站长工具上展示的依然是预估流量，而这个预估流量并不能完全代表一定有这么多访客。

5．提升方法

有了目标才有动力。不得不说，因为百度权重的出现，才会有越来越多的人对网站充满兴趣。所以百度虽然官方明确表示百度权重不存在，但是又无法抹杀这一说法，因为大家都在利用百度权重这个定义对网站进行优化，也就是SEO。

提升百度权重的方法有两个：一个是提升关键词的排名顺序，另一个是提高关键词的指数。

1.1.3 站长工具

站长工具主要是针对已经做好并上线的网站进行网站质量方面的查询，并提出一些相关的改进方法。网络上的站长工具有很多，而默认的站长工具主要来至站长之家，如图1-3所示。下面列举一些站长工具中常用的工具。

- 百度权重：这是所有站长最关心的一个工具，百度搜索引擎经过多年的努力，再加上谷歌搜索引擎完全退出中国市场，形成了百度一家独大的局面。
- 检查死链：站长工具能够通过模拟蜘蛛进行网站域名的爬行，当遇到死链接的时候就可以反馈出相应的链接，有助于站长去除死链。

说明：死链指网址打不开的情况。

图1-3　站长工具

- 网站速度测试：我国的网络运营商有电信、移动和联通，由于每个网络的流通性不一样，所以会导致某个区域网站速度打开较慢的情况。影响网站打开速度的原因除了网络之外，还有服务器稳定与否及网站是否使用了过多的JavaScript代码。
- 网站域名IP地址查询：可以通过站长工具查询，还可以通过DOS命令查询相应域名的IP地址。而这个IP地址，就是我们通常所说的服务器地址。
- 友情链接查询：现在很多人会通过隐藏的方法隐藏友情链接的存在。也就是说，百度蜘蛛和用户可通过你的网站进入他人的网站，但是却不能通过他人的网站进入你的网站。

1.1.4　百度指数

百度指数的重点对象是用户所搜索的关键词次数。也可以理解为，当我们需要做某个网站并定义某个关键词的时候，可以通过百度指数来查询该关键词的竞争度有多大，也可以通过自己的经验和市场调查，来判断我们所做的关键词的趋势有多大。

百度指数的诞生意欲告诉用户，某个关键词在某段时间内，因为某种事件的发酵而产生超高指数。并且可以通过百度指数得出分析，是哪些用户在搜索该类关键词。通过这些数据，SEO工作者都可以有效地去判断并优化该关键词。

1. 功能

百度指数的诞生，主要是展现互联网关键词的走势和分析。但是互联网的工作原理是先将信息存储到数据库中，然后根据排名规则和一些搜索引擎规则进行转译之后再排名，这也需要大量的时间，所以百度指数目前只保留了 2006 年 6 月 PC 端至今的数据，以及 2011 年 1 月移动端至今的数据。

2．使用

百度指数的使用方法很简单，只需注册一个百度账号，并登录百度指数首页，如图 1-4 所示，或直接输入网址 http://index.baidu.com/。登录之后输入要查询的关键词，即可展示出该关键词近段时间的走势。当然如果我们要想分析，就需要花时间和经历去学习了。

3．搜索指数

很多 SEO 初学者在了解搜索指数的时候会惯性地下定义，认为某个关键词的搜索指数就等于该关键词带来的流量。其实并不是这样的，流量的定义是站长工具给的，而搜索指数的定义是百度官方认可的。

搜索指数越高，该关键词带来的流量越大，广义上是可以这么理解的。但是搜索指数的多少并不完全等于流量的多少。

图 1-4　百度指数首页

随着移动端的普及，搜索指数也分为 PC 端指数和移动端指数。根据作者多年的网络营销经验，可以通过百度指数来判断某个关键词的热度，并从中决定该关键词是否值得去做 SEO。

4．趋势的关键词

关键词一般处于 3 种状态，第一种是热度极高的词，这种词做 SEO 的意义并不大，热度越高证明竞争越大，在没有人力、财力和物力支持的情况下，个人是不用考虑这种情况的。

第二种是没有指数的词，这里我们也要清楚没有搜索指数并不代表没有搜索量，有搜索量也未必有搜索指数。没有搜索指数的词可以理解为搜索量很少的词或几乎没有搜索量的词，做了 SEO 也没有太大的意义。

第三种是有趋势的词，这种情况下就要会分析了。作者曾经利用百度指数的分析工具，分析出一个项目在未来一年内的发展趋势，因此而达到了月入十万的收益。

有趋势的词，比如《战狼 2》、借贷宝事件等都可以在短时间内带来超高的流量。有趋势的词一般可以理解为线下"火爆"而线上展示较低的词。例如某家公司获得了某项目的一手信息，但是该公司依靠的依旧是线下电话营销的模式，也可以说是地推模式，这个时候我们就可以预测到，当地推模式普遍开展，线上却没有相应的广告时，那么线上的机会就来了。

在网络飞速发展的今天，如何从中获取有用的信息很重要。我们可以通过对线下资源的了解，以及对各个行业的饱和程度分析，来选择更有发展前景的行业，从而进行网络优化和推广，让我们的优势最大化。

案例 1-1

百度权重除了由排名决定之外，还由百度指数决定。也就是说，我们只要将所做的关键词与网站相关的指数提高就可以了。这里为大家介绍一个从业者曾应公司要求通过刷新百度指数而提高网站百度权重的案例。

首先准备一个垃圾域名，一台 VPS 服务器或虚拟主机，以及刷流量的工具。接下来需要通过编写代码营造一个虚假的百度搜索返回页面，也就是返回页面的次数越多，说明用户搜索的次数也就越多，自然地百度指数也就会越高。

新建一个 index.html 文件，将以下代码复制进去：

```
<FRAMESET border=0 frameSpacing=0 rows=500,* frameBorder=1>
<FRA ME name=primaryFrame src="ts2.html" frameBorder=0 noResize scrolling=no>
<frame src="ts1.html">
</FRAMESET><noframes></noframes>
```

以上都是一些比较常见的前端框架代码，这里的 ts2.html 和 ts1.html 为调试文件。

接着创建一个 ts1.html 的文件，并将以下代码复制进去：

```
<script>
function aa()
{ window.location.href='http://m.baidu.com/ssid=0/from=0/bd_page_type=1
/uid=0/baiduid=6A7147F7AC45B5C1925B1FB844E13F33/s?word=深圳英语培训
&uc_param_ str=upssntdnvelami&sa=ib&st_1=111041&st_2=102041&pu=sz%40224_
220%2Cta%40middle___3_537&idx=20000&tn_1=middle&tn_2=middle&ct_1=搜网页';
}
setTimeout(aa,1500);
</script>
```

这段代码主要是控制我们所需要刷的关键词，这里为"深圳英语培训"，可以根据自己需要的关键词进行修改。

最后新建一个 ts2.html 文件，并将以下代码复制进去：

```
<script>
window.location.href='http://www.baidu.com/s?wd=深圳英语培训';
</script>
```

通过以上 3 个文件，再借助相应的刷流量工具，通过两到三个月的坚持，该关键词的百度指数涨到了好几百。

当然，通过这种方法获取的百度权重并不是真实的，但是可以通过这种方法换取更多更高权重的网站进行友链交换。

1.2　SEO 常用词汇

SEO 是一个专有名词，是一个广泛的定义。很多人以为了解了 SEO 这个词就认识了 SEO 的全部，其实并不是这样。学习 SEO 也不能抱着这种心态，而需要不断深入挖掘 SEO 的内在核心，并用到实践当中去。

资深的 SEO 工作者不会将 SEO 挂在嘴上，他们往往会通过一些专有的词汇来分析并得出结论，然后再进行相应的改进和优化。例如，爬行、索引、收录、排名和 robots 文件等。

这些常用的词汇，会在接下来的内容中讲到。

1.2.1　爬行

爬行广义上是指慢慢地向前行走，但是在网络术语中却并不是这个意思。爬行一词来源于百度蜘蛛,特指百度蜘蛛通过网站并留下痕迹的过程。

笔者曾经在做谷歌搜索引擎时发现,谷歌很容易做收录,那是因为谷歌搜索引擎在爬行并判断方面做得没有百度那么严谨。而百度蜘蛛也会做到快速收录并展示的效果,但是它却不会急于展示出来,而是通过一段时间的审核才会展示在搜索引擎上。

1. 确定式爬行

确定式爬行是指当你的网站进行更新之后,百度蜘蛛会来你的网站进行第一次爬行,并确定你的网站定位,但是不会马上就将收录的页面展现出来,如图1-5所示。

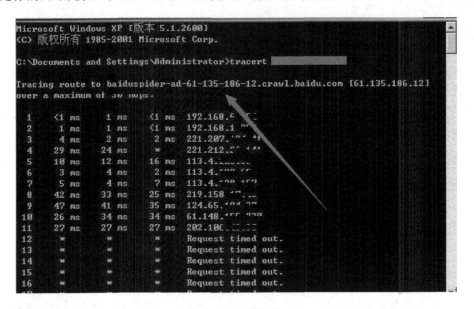

图1-5 百度蜘蛛来访

2. 稳定式爬行

稳定式爬行一般是该网站上线了一段时间,如半年左右并且成功地渡过了沙盒期。百度蜘蛛此时就会每天到该网站进行爬行,并在第一时间展示和收录该网站的页面。

3. 爆发式爬行

这种模式一般会出现百度重新定义算法,对所有网站进行大洗牌的时候。百度剔除不符合规则的网站,并将一些高质量的网站给予更好的排名。

4．爬行与抓取

通过词汇我们可以知道是先爬行后抓取。百度蜘蛛在爬行网站的时候，往往会优先判断 robots 文件里的内容，判断哪些文件是禁止抓取的。而这个 robots 文件的定义是根据国际规范标准而定的，正所谓无规矩不成方圆，百度也不例外。

5．爬行轨迹

百度蜘蛛爬行的轨迹往往从网站的首页开始，而且会根据首页的链接进行抓取。根据 W3C 规则，所有的网站分为三个板块，分别是头部、正文和底部。而首页头部的导航部分则会引导百度蜘蛛进行栏目页的抓取，首页的文章列表部分则会引导百度蜘蛛抓取文章页。

为了保证全站的畅通性，于是百度给出了网站内链（即内部链接）和锚文本的定义。

1.2.2 索引

百度索引是指根据百度蜘蛛所爬行的网站，如通过服务器日志会发现，百度蜘蛛爬行了网站的多少个页面，那这个爬行的页面就是百度的索引量。这种数据是看不到的，而且非专业人士也是看不懂的。往往我们是通过百度给出的某个特定的单词来读取出收录了多少个页面。例如，site：http://www.xxx.com，这个 site 的意思是百度蜘蛛通过索引爬行之后展示出来的页面条数，与索引是不相关的。

1．索引量下降的原因

初级的 SEOer 一般会关注收录量，而专业一点的 SEOer 就会知道，如果不是大的变动，网站的页面收录之后，收录量就会趋于稳定，所以往往会观察那些有待放出来的页面，也就是索引量，如图 1-6 所示。而有的时候，索引量也会下降。现在来了解一下百度索引量下降的原因。

- 原因 1：配额已满，重新分配。这种情况可以理解为百度大规模的更新，当某个关键词的配额无限接近百度的最大容量时，就会进行第二次分配。

  解决办法：这种时候，我们需要对网站进行数据整改、更新，研究竞争对手的网站，并再次超越对手。

- 原因 2：更新数据异常。由于百度搜索引擎对网站数据的错误判断，导致更新数据发生异常。

解决办法：这种情况一般是误杀，如果在我们网站没有出现任何碰触百度搜索引擎底线的情况下，我们需要将网站提交给百度，并请求恢复原来的数据。

- 原因3：地区性数据异常。百度蜘蛛抓取了全国各地的网站，当然也包括国外的服务器。这种情况下，可能由于网络的不稳定，导致网站数据异常。

解决办法：这种情况也是由于地域性的百度蜘蛛导致的，只需要提交给百度处理即可。

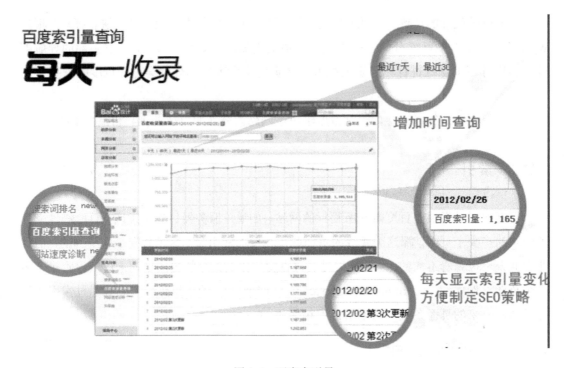

图 1-6　百度索引量

2．索引量和site的区别

索引量和site的判断依旧主要是看我们需要对网站进行哪部分的数据分析。如果只想判断网站的排名，可以优先使用site然后去查相关的排名。如果只想知道有多少页面被百度蜘蛛爬行了，那么就可以参考索引量了。

3．提高百度索引量的方法

提高百度索引量的方法主要有：

- 加强网站原创内容；
- 合理的内链搭配；
- 寻找高质量的外链引流；
- 网站静态化。

其实百度索引量在 SEO 当中只是一个入口，所有的 SEO 技术都是通过这个入口来提高网站在百度中的地位的。

1.2.3 收录

只要是搜索引擎能够展示的网页，统称为收录。但是由于百度几乎占据了中国搜索引擎的半壁江山，所以作为 SEO 的工作者，更多地是研究如何提高百度的收录。

1. 提高收录的方法

- 对网站内部结构定义清晰，不要随意下载他人的网站页面进行修改。错误的代码、死链、不符合网站定位的 alt 标签，这些都会导致网站的收录下降。
- 更新原创文章。由于百度不断地加强高质量内容的收录，所以我们要坚持更新原创文章，只有高质量持续性地更新原创文章，才能不断提高收录，权重和排名也会越来越高。
- 友情链接，这里千万记住不要去购买高权重且不相关的友情链接。这种方法被百度视为不正规的牟利渠道，是百度明令禁止的。这种方法不仅会导致收录下降，更严重的会直接导致 K 站。

说明：K 站指在网站已经达到正常收录的状态下因为作弊或者其他原因，百度等搜索引擎突然删除了所有网页或只留下首页。

2. 主流搜索引擎提交入口

很多新手站长认为只要做好了网站，就会慢慢有收录、有排名、有流量，之后就能挣钱了。其实当一个新站出现的时候，我们首先要做的并不是等收录和更新，而是主动出击，将自己的网站首页提交给相应的搜索引擎。这种方式会让各大搜索引擎收录得更快。下面为大家提供目前市面上三大主流的搜索引擎入口。

百度收录：http://zhanzhang.baidu.com/linksubmit/url，如图 1-7 所示。

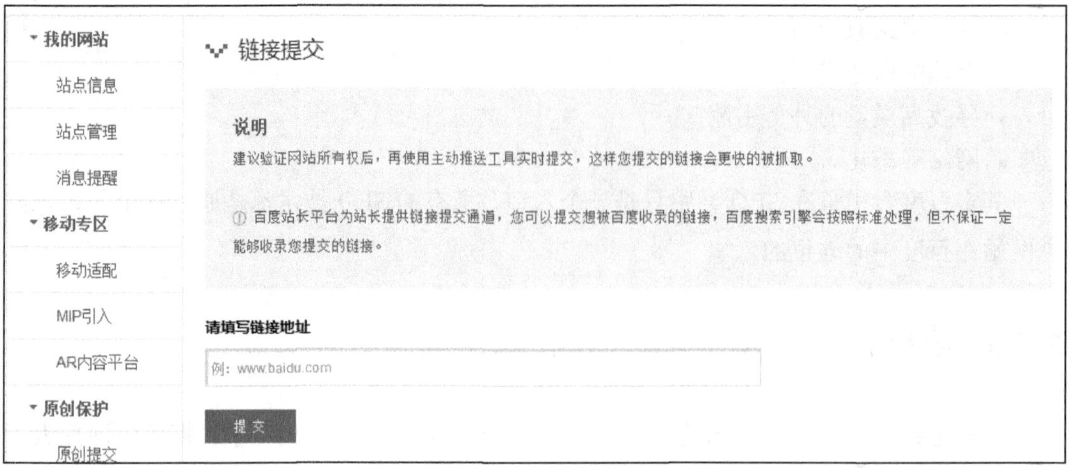

图1-7 百度收录提交页面

搜狗收录：http://fankui.help.sogou.com/index.php/web/web/index?type=1 ，如图1-8所示。

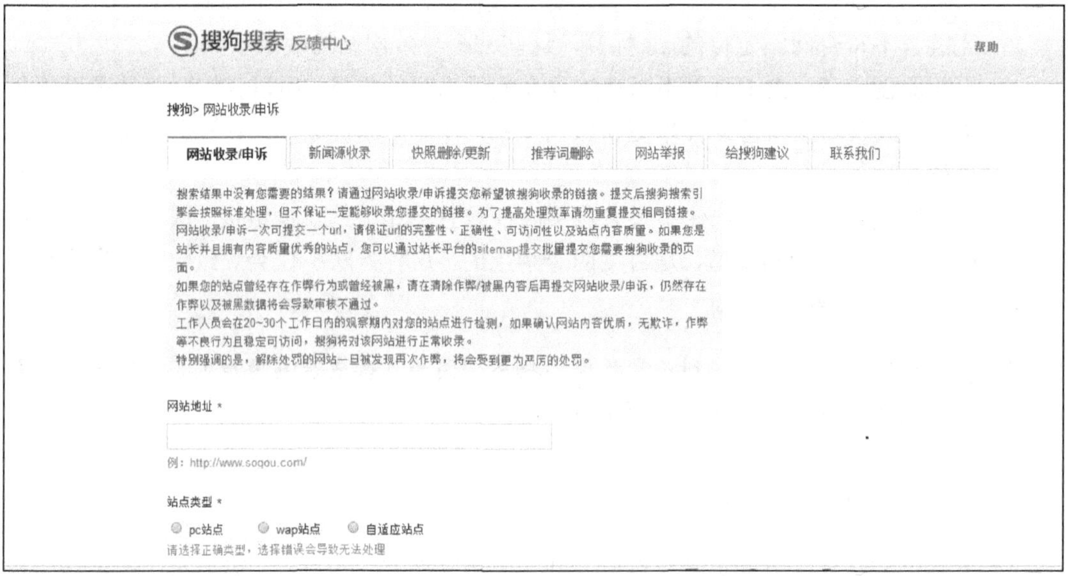

图1-8 搜狗收录提交

360收录：http://www.sousuoyinqingtijiao.com/360/tijiao/，如图1-9所示。

3．百度搜索引擎的特点

作为全球最大的中文搜索引擎，我们需要清楚百度的准则，那就是一切以原创为主。

百度在极力打造一个完全原创的互联网中文平台，因为在百度，只有原创才是有价值的，只有原创才能留住更多的用户来打造更高价值的产业链。

图 1-9　360 收录提交

1.2.4　排名

网站排名指的是，当用户搜索某个词的时候，搜索引擎会依次将该搜索词权重更高、质量更好的网站展现在搜索引擎的界面。而这些排名靠前的网站，在被点击之后就会产生相应的信息交流，从而达成客户成交。所以往往网站排名越靠前的网站，利益也相对更大。

1．排名规则

一个网站的好坏，权重的高低，直接决定了这个网站的排名。当网站出现如关键词堆砌、关键词不明确、多次更改网站关键词等问题的时候，排名是很难上去的。

2．排名方法

作为专业的 SEO 工作者，凭借作者多年的经验分析出，域名越短、域名越久，对网站的优化排名越好。曾经有人拿着一个存在了 12 年的老域名去分析网站的数据，被大多数网站 SEO 工作者比喻为"拿着神器砍野猪"。足以说明网站域名的好处。

3．排名提高

一个网站想要提高排名，需要来分析多个因素，如网站的布局、内容的质量、高质量的外链引流、网站空间的稳定性等。我们需要从多个角度去分析网站带来的流量，并针对网站指向的关键词进行优化。

1.2.5　robots 文件

我们在与人交往的时候，往往会将自己最好的一面展现给对方，避免不好的方面给对方留下不好的印象。同样，百度为了收录更多有效的页面，而 SEO 人员也为了展示更多有价值的页面，避免百度收录一些没有意义的页面，robots 文件就诞生了。但是网站的程序是多样化的，不可能每个页面包括的数据库都有价值，所以百度给出了一个优先级的 txt 文件，也就是 robots.txt 文件。这个 robots 文件里优先存储的一般都是禁止百度蜘蛛爬行的文件，也就是不希望百度收录该网站的页面。

当百度蜘蛛首次爬行我们网站的时候，会优先爬行根目录下的 robots 文件，根据 robots 文件里屏蔽的文件夹或者某个文件名，而跳过这些文件，然后进行其他目录下页面的爬行及收录。如果网站下并不存在这个文件，那么百度或许会收录一些不必要的文件，甚至暴露我们的数据库等，这就会给一些不法分子造成空隙，通过我们的网站获利。

1．robots.txt所存放的位置

robots.txt 文本文件必须存放在站点的根目录下，也就是需要和首页在同级目录下。这样一方面优先百度查找并进行排除，另一方面使百度蜘蛛没有必要去判断 robots.txt 文件存放在哪个目录下。如果没有 robots.txt 文件，会使百度蜘蛛爬行所有的网站，然后进行收录等，增加了一些不必要的操作，加大了百度蜘蛛的工作量。

> 🔔 注意：百度蜘蛛只能识别小写的 robots 文件，如图 1-10 所示，而且只能放在站点根目录下。

2．robots.txt常用语句

一般情况下，为了快速建站，会使用一些网络上的开源程序，而这些开源程序已经了解百度蜘蛛的模式，会默认在根目录下添加 robots.txt 文件，并且已经屏蔽了某些文件夹。

以织梦网站 CMS（内容管理系统）里的 robots.txt 为例：

```
User-agent: *
Disallow: /data/
Disallow: /dede/
Disallow: /images/
Disallow: /include/
Disallow: /plus/
Disallow: /special/
Disallow: /templets/
Disallow: /uploads/
Sitemap: http://www.xxxx.com/sitemap.xml
```

```
以下是百度Spider抓取结果及页面信息：

User-agent: *
Disallow: /inter/
Disallow: /shebei/
Disallow: /zs/
Disallow: /zb/
Disallow: /hr/
Disallow: /company/
Disallow: /ProductPhoto/     禁止爬虫访问的目录
Disallow: /ashx/
Disallow: /js/
Disallow: /css/
Disallow: /images/
Disallow: /WebParts/
Disallow: /WEBPARTS/
Disallow: /Member/
--------------------
Vary: Accept-Encoding
Content-Encoding: gzip
```

图 1-10　robots 文件

根据织梦网站的 CMS 里的 robots.txt 文件可以看到，User-agent: * 表示禁止所有的搜索引擎收录本站。Disallow 的意思是禁止抓取，/data/表示数据库，/dede/表示织梦默认的后台登录地址，/images/表示图片文件，/include/表示配置文件，/plus/表示附加文件，/special/表示专题目录，/templets/表示模板静态文件，/uploads/表示上传文件。最后的 Sitemap 是网站地图，是告诉百度蜘蛛这是网站的运行轨迹。

以上是织梦网站 CMS 里的 robots 文件，每个程序都会有对应的 robots 文件，我们只需要根据不同的开源程序提供的 robots 文件进行添加即可。

3．robots在网站中的展现形式

当 SEO 工作者需要在网站中展现 robots 文件的时候，可以根据自己的代码知识，或者通过网站程序员的帮助，进行一些必要的代码添加。而常用的代码则是<META NAME="ROBOTS" CONTENT="INDEX,FOLLOW">

- META：HTML 网站中一个最重要的标签，通常可以展现网站的关键词和网站描述等；

- NAME="ROBOTS"：识别所有搜索引擎；
- CONTENT="INDEX,FOLLOW"：搜索引擎索引该页，并可以通过网页的链接搜索其他页面。

4．小结

一个优秀的网站都会存在 robots 文件，这个文件往往能帮助我们规避一些不必要的文件被展现出来。做 SEO 最重要的任务是展现我们的首页、栏目页及最重要的文章页。只有当这些页面优化得足够好的时候，我们的网站才是一个优秀网站。

1.3　已经过时的 SEO 方法

SEO 是一门技术，而且这门技术是伴随着互联网而产生的。互联网的发展速度是非常快的，而且还在不断地完善。简而言之，当互联网在变化的时候，SEO 这门技术也在不断地更新。根据作者从事 SEO 的经验来看，有些 SEO 技术形成了固定的模式，并很好地延续了下来。但是也有一些 SEO 技术因为太简单，搜索引擎认为这是没有必要的操作。所以我们把那些没有作用的 SEO 方法称为已经过时的 SEO 方法。

1.3.1　大量使用采集和伪原创

在 2010 年之前，百度搜索引擎并不强大的时候，曾流行这样一段话：只要你会做网站，那么你就能挣钱。这句话的意思是什么呢？就是只要你做了网站，然后会复制、粘贴，那么你的网站排名很容易就能靠前。就像曾经作为外链之王的分类信息网，如比比贴、好喇叭等，这些网站完全开放注册，只要用户注册之后就能发布外链信息，而且排名还比较靠前。

但是这只能停留在曾经的互联网时期，对于现在仅存的一些分类信息网，百度不再接纳它们的外链，只是保留了它们的一些权重。再也不是那个只要"发"就能"排"（排名）的时代了。

采集是一种程序的技术方法。主要是针对一些新网站，程序员不想花大量的时间去复制、粘贴其他网站上的信息，于是网站程序员为了方便这个操作，而开放的一项程序功能。

1. 采集的好处与坏处

现在很少有人再去专门学习网站建设了，一是因为一个完整的网站从前端静态页面到后台数据程序，并不是一个人能在短时间内完成的；二是因为现在越来越多的公司开始招聘一些会使用网站开源 CMS 的程序员，省心省时又省钱，再加上如图 1-11 所示的采集软件，更加方便了网站文章的填充。但这种填鸭式的填充方式，并不利于网站的 SEO 优化。

当这些精通开源 CMS 的程序员操作网站后台的时候，会发现这些程序都附带了采集的功能。

- 好处：使网站能够快速填充，完善整个网站的数据，快速上线。
- 坏处：网站必定被封，因为这种站点毫无意义。

如果是为了学习采集这个技术而不需要考虑网站 SEO 的发展的话，可以这么做。但是为了网站的长远发展考虑，我们必须要坚持原创文章，并每天保证更新网站文章内容，不必急于让网站快速上线。

图 1-11　某采集软件

2. 什么是伪原创

在 2013 年，"伪原创"还是一种比较普遍的方法。当时笔者所在的一家公司，除了依靠百度竞价之外，还会招聘大量的新手编辑。而之所以招聘这些编辑，就是教他们怎么去做"伪原创"的文章。当时之所以这样做，是因为百度还没有更新得那么细致，只要网站编辑对一些原创文章稍加修改，就能再次被百度收录。

伪原创：一般是指将某一篇优质的文章稍加修改，使其成为一篇新的文章。一般是修改文章的标题及正文开头与结尾部分的30%左右的内容。

常见的"伪原创"的方法有：修改开头、同义词替换、修改段落章节顺序和尾部修改等。

由于"伪原创"同样会造成大量的垃圾信息和重复信息，所以这种方法现在也不再适用百度搜索引擎。

案例 1-2

2013年时接到公司的一个新项目，需要新建一个网站。因为是一个新建的网站，因此没有任何备用数据，所以只能通过采集的方法来实现快速填充网站内容的效果。

这里同样使用DEDECMS搭建好网站之后，便可以通过DEDECMS后台进行采集了。第1步先打开"新增节点"栏，打开后台→采集→采集节点管理，单击"增加新节点"。第2步选择模型，模型选择为普通文章。第3步新增节点，配置网址索引，填写相应的采集规则。第4步查看采集站点的编码和网站源码，通过右击鼠标可以查看网站源代码，常见的编码格式有GB2312和UTF-8。第5步配置文章网站的匹配规则，设置之后单击"保存"按钮进入下一步。第6步是网址获取规则测试，看是否能正常采集到相应的数据。

因为网络上的文章参差不齐，所以通过采集来填充网站信息基本上是没有什么效果的。而且一般来说新公司不会随意采集其他网站的文章，而大多数老公司都会通过程序使用数据库备份还原的功能来创建新的站点。

总之采集只能算是一个被淘汰的技术，如果想要真正做到快速填充网站数据，只需要从服务器上获取数据库，然后进行还原即可。

1.3.2 刻意堆砌关键词假象

每个网站都是围绕关键词而产生的，例如，一家做英语教育的网站，其公司的主营业务也是英语教育培训。但是该公司的网站上出现了大量与英语不相关的信息，这种情况对公司来说是不利的，对网站SEO也是没有好处的。

在刚开始学习SEO的时候，需要明确网站的标题，关键词和网站对应的描述。而百度判断一个网站是否有价值，完全取决于关键词所占的比例。因此有些SEO技术人员就通过刻意堆砌关键词，造成该网站时刻都会出现与其相关的关键词的假象，以获得更好的排名。

1. 概念

通过大量展现关键词，提高关键词的权重比例，达到网站与关键词的高度匹配。这些关键词一般出现在网站的文章中，如我们在看一篇文章的时候，经常会发现原本很通顺的一句话中会突然出现一个与网站相关的词汇。而在代码中，如 title（标题）或 Tag（标签）中也会出现关键词。

2. 搜索引擎更新

由于刻意堆砌关键词做法的出现，导致越来越多的垃圾网站和一些贪图快速见效的 SEO 工作者的出现，因此百度开始进行大数据更新，因为搜索引擎的目的是为了将更多、更好、更优质的内容展现给用户，只有当有价值的内容展现给用户的时候，用户才会青睐搜索引擎。

由于刻意堆砌关键词手法的出现，导致网站完全是为了优化而优化，并不是为了用户而优化。于是百度开始限制网站关键词出现的比例，而且对那些大量使用关键词堆砌的网站进行降权，甚至是 K 站。

3. 关键词占比

在百度算法没有更新关键词所占比重数据的时候，网站会出现大规模的相关关键词，甚至有些 SEO 人员会为了关键词而做网站，以获得好的排名。后来由于百度对网站的关键词占比进行了数据更新，最终确定一个网站关键词所出现的比例维护在 3%～8% 之间是最优网站。

案例 1-3

笔者最初接触 SEO 的时候，经常会使用关键词堆砌这种方法来进行优化，当然那是几年以前的事了。例如当时曾做过一个传统行业的网站，该网站的主营业务是粉刷墙壁，所以当时笔者通过了 3 种方式来进行关键词的堆砌。

第一种是 meta 标签位置的关键词堆砌。meta 标签主要是指网站标签三要素，即 title 标签、keywords 标签及 description 标签。通过在 title 和 keywords 标签里加入：墙壁粉刷_粉刷墙壁_墙壁粉刷多少钱_墙壁粉刷价格，这种就是典型的标签关键词堆砌，这种方法后来被分词技术（一种将词分开搭配的方法）抢到了更好的排名。

第二种是网站内容关键词堆砌，这种模式一眼就能看出来。例如在网站的内容中，重复出现"粉刷墙壁"这个词。如果出现的比例并不多的话，还是可以避过搜索引擎的惩罚，而有些网站却是为了优化而优化，刻意地在网站中频繁出现关键词。

第三种是页脚或友链（友情链接）的关键词堆砌。友链在一般人眼里都是交互性比较强的，是对网站有利的。而如果做了太多的核心关键词的友链，同样容易导致网站形成关键词堆砌的现状。例如，你在友情链接中添加了 30 个装修行业的网站，其中有 15 个都是做粉刷墙壁的网站，它们的核心关键词也是粉刷墙壁，那么这些友情链接就没有什么太大的意义了。

当百度蜘蛛爬行网站时，如果在某个限制区域内出现大量的关键词，那么就容易造成关键词堆砌的现象。

1.3.3　SEO 代码隐藏

代码隐藏对于一般人来说很难做到，会使用代码隐藏的都是程序员、工程师类的人员。以网站 SEO 而言，有许多的网站站长都是程序员出身。如作者就是计算机专业毕业，从建站到优化，再到做项目，都可以一人解决。

当然也有一些人通过学习和 SEO 相关的代码，对网站进行优化。当优化效果不佳的时候，他们就会使用一些小技巧了。

常见的黑帽 SEO 技巧有：隐藏链接、隐藏文本和 PR 劫持等。这些隐藏方法只需通过简单的代码即可瞒住搜索引擎，达到隐藏的效果。

1．隐藏链接

隐藏链接多数用于黑帽 SEO，通过入侵含有漏洞的中小型网站，在对手的网站中通过如 <a href="目标网址">目标关键词</a> 的方式访问网站。这样访问网站，用户是无法看到该关键词的。但是搜索引擎却能看到，这个时候搜索引擎就可以从该入侵的网站进入我们的目标网站，进行抓取我们自己的页面。

2．隐藏文本

现在依然有部分优化网站会使用隐藏文本的方法，这种方法和隐藏链接不同。这种方法同样是为了堆砌关键词而存在的，通过此段代码：<p style="display:none;">网站关键词</p>，来迷惑搜索引擎，认为搜索引擎会给予一定的权值。

3．PR劫持

我们都知道 PR 值是针对谷歌而言的，谷歌 PR 值曾经是判断一个网站好坏的标准。由于谷歌搜索引擎已退出我国市场，因此这里只简单说一下 PR 劫持的方法。

PR 劫持的方法主要是通过页面跳转来欺骗对手的一种方法。比如我们和某个同行交换友链的时候，他们一般会要求你的网站 PR>5，这个 5 的数据来源也是站长工具给出的。这种 PR 劫持的方法，瞒不了搜索引擎，只能忽悠一些专门换友链的网络小白。

案例 1-4

说到 PR 劫持的办法，作者通常有两种方法：一种是 301 跳转法；另外一种则是入侵法，需要读者有一定的代码功底，懂得一些黑帽入侵技术。

第一种方法：301 跳转法

这种方法并不是严谨的 PR 劫持法，只是通过自己的网站进行一种干扰。例如，我们想获得一个和 www.sohu.com 网站一样高的 PR 值。那么可以注册一个新的域名，然后建立一个没有内容的网站，在其空间下放入一个 index.php 文件。文件代码如下：

```
<?php
header("HTTP/1.1 301 Moved Permanently");
header("Location: http://www.sohu.com");
?>
```

之后我们就需要通过谷歌的外链来制造一种迷惑的假象，因为谷歌蜘蛛相对百度蜘蛛来说更加容易引流。当谷歌蜘蛛来到我们的新网站时，发现网站做了 301 跳转，并且是跳转到 www.sohu.com 搜狐这个网站，那么谷歌就会惯性地认为我们所注册的新网站是 www.sohu.com 网站的附属网站，当 PR 更新的时候，也会随之对我们的新网站进行更新，那么这个时候我们的新网站也会出现较高的 PR 值。

第二种方法：入侵法

入侵法才是真正意义上的 PR 劫持，这种方法如果没有代码基础的人是无法看懂的。作者在这里只能简单介绍一下操作流程，但是不建议读者使用这种方法，因为一般来说，PR 值越高的网站，入侵的难度就越大，而且网站都是有备案所属权的。PR 劫持是一种截取流量的做法，并且需要承担相应的法律责任。

首先我们选择一些 PR 值稍高的网站，通过排查网站的漏洞入侵网站。主要是对网站进行 301 的逆向跳转，通过 301 将入侵的高 PR 值的网站，跳转到自己的网站上。因为是代码入侵网站，所以用户是看不到的，用户只能看到正常的网站，但是流量却在无形地流失中。

以上介绍的 3 种 SEO 方法，已经基本不用了，一些希望通过 SEO 代码隐藏来获利的人员也明白这 3 种方法也"忽悠"不了新手站长了。后面两节介绍的方法，一种是通过花钱请专业人员来做，另一种就是目前常见的 SEO 获利方法。

4. 应对方法

作为一名合格的 SEO 人员，一定要遵循一步一个脚印的原则，通过黑帽 SEO 代码隐藏，不仅会对他人的网站造成影响，而且被搜索引擎查明之后，网站会受到惩罚。如果我们自己的网站出现了黑帽 SEO 代码隐藏的情况该如何应对呢？要记住，任何网站被黑帽 SEO 代码隐藏都是由于网站自身引起的，所以网站是源头。其次是数据库和服务器，所以我们需要从以下 3 个方面着手。

- 网站程序本身：互联网上的许多网站用的都是开源程序，所以一定要及时更新开源程序的最新版本，并下载网站程序给出的补丁；
- 数据库：数据库要做好相应的备份，一般对网站可进行一周一次备份，网站的源码一个月一次备份，以防止网站突然被攻击，导致网站崩溃；
- 网站服务器：如果公司运营的是多个网站，建议使用两个服务器，一个正常使用，另一个作为备份，如果网站被攻击，只需要做一下域名解析即可。

记住我们学习 SEO 是一种坚持，只有坚持才能有收获。我们更多的是需要了解如何正确地对网站进行 SEO 优化，并且确保自己的网站安全运营。

1.3.4　购买高权重外链

购买高权重外链（外部链接）这种方法虽然表面上已经过时，但是依然有一些企业会使用这种方法，然而效果并不理想。

说到高权重就不得不提站长工具。前面提到，站长工具通过模拟百度的算法，提出了百度权重这一说法，然后给出相应的评判标准。同样，有利自然就有弊，当网络上都流传权重越高价值越大的时候，一些恶意牟利的公司就出现了。

1. 需求和供应

任何东西都是先有需求才会有市场。

需求方：对网络 SEO 并不熟悉，将网络 SEO 过于神话，认为树大好乘凉。有一个高权重的网站做友情链接，会使自己的网站排名大大提升。

供应方：拥有部分高权重网站，或者刻意制造一批高权重的假站点，来销售友情链接。

2. 曾经的辉煌

不得不说，高权重曾经辉煌过，但只是曾经。权重越高的网站，蜘蛛爬行的频率越高，收录越快，引流自然就越快。曾经有一朋友的公司，通过大量购买高权重的友情链接，使自己网站的权重和排名上升速度非常快。但是当这种恶意牟利的渠道被百度禁止之后，众多购买高权重外部链接的网站，不是被降权就是被封站，当然笔者这个朋友的公司也不例外。

人们通常认为跟着一个好师傅就会学到更多有用的东西，但这不是关键因素，关键还要靠自己的努力。同样，现在也不是那个通过花点钱购买高权重的友情链接就能做好SEO的年代了。

3. 影响

一个高权重的网站在百度中是存在一定地位的，所以当有一部分企业购买高权重外链之后可能会发现，网站确实收录得很快，排名也慢慢上升了。但是这仅仅只是短期有效，当百度蜘蛛不断地通过你购买的高权重网站来到你的网站时，百度蜘蛛在一开始会形成一股分流的状态，所以影响并不大。

往往在经过一段时间之后，百度蜘蛛就会重新审查你的网站。尤其是有一部分公司购买的友情链接都是有时间限制的，当时间到期之后，对方会取消友情链接，这个时候你的网站会受到大规模的降权影响。对SEO有深入了解的人员都会知道，交换友情链接只会交换行业相同、权重相当的网站，这样才是最有效的SEO友情链接的方法。当权重相差很大的时候，百度就会认为网站过界了，过界的惩罚就是K站（封站）了。

案例1-5

作者有一个朋友，在2010年之前就做了一个小说网站，收集了网络上的大量小说。当时的百度排名是比较好做的，久而久之朋友的网站就成为了一个权重7以上的小说站。本来依靠在网站上挂一些广告联盟，一个月收入几千元也是很轻松的一件事，但是朋友为了能快速挣钱，在2012年初，开始在各个贴吧、论坛，以及QQ群中兜售友情链接，而且来者不拒。价格是100元/月，由于当时越来越多的人注意到了权重的好处，于是纷纷向他购买。短短3个月时间内，朋友就挣了十几万元。然而被利益冲昏头脑的他，整天只想着怎么收取友情链接的费用，而忽视了百度的打压。友情链接的兜售，导致互联网上一片混乱，曾经需要花费大量时间运营的网站，却转眼通过高权重的引流，排名直往上升，而且还出现了大量的垃圾网站。

百度发现这一问题之后，开始打压这种类型的网站。因为作者的这位朋友是独立经营，而且也没有持续创造有价值的文章，所以百度很快就将他的网站列为过界站点，进行了K站。K站之后，朋友的网站再也没有出现在百度的首页中，流量也是一落千丈。后来购买该网站友情链接的网站也被牵连，导致越来越多的人向他索赔，因此损失了大量的金钱。

买卖友情链接的行为至今还存在，这并不是因为百度打压不了，而是因为百度不能全部打压。因为这种买卖友情链接的网站，也有创造原创文章的数据在流动，所以百度也要给这种类型的网站一个生存的机会。

1.3.5 垃圾站群技术

站群这个概念最初是由政府提出的，但是由于政府网站的局限性，后来慢慢发展成为一门相关的技术。站群技术的发展给搜索引擎带来了一个全新的局面。

现在市面上出现了两种站群方向：一种是大规模的子域名解析，复制相同的网站只做关键词和标题的修改；而另一种则是站群系统，主要是通过站群系统配合软件来进行大规模的更新。

1. 站群

上面提到了一个顶级域名可以解析 N 个子域名，那么换而言之，我们可以通过这 N 个子域名来搭建 N 个网站，而这 N 个网站，除了域名和关键词不同之外，其他的网站内容完全一样，如图 1-12 所示。

图 1-12　模拟站群

2. 域名解析

当我们在服务商处购买好自己想要的域名和服务器之后，首先要做的就是域名解析。每家服务商的控制后台基本都是差不多的，很容易找。常用的域名解析有两种：一种是 A 记录解析，另一种是 CNAME 记录解析。

- A 记录解析一般是解析到我们所购买的 IP 地址。
- CNAME 记录解析是指解析到某个与 IP 地址相关的独立域名。

3. 作用

使用站群技术，主要是因为首页的权重和排名远大于二级栏目和文章页。想要通过关键词的匹配来获取高的排名，那更是难上加难。而且作为一名专业的 SEO 人员，我们更加清楚，关键词只是一个网站的定位，并不代表用户的需求。用户更多的是通过搜索词，来获取他们想要的信息。而搜索引擎再通过搜索词的相关度、权重质量等条件，将更好的网站展示到前面。

站群的作用就是分化这些关键词和搜索词，如某家公司卖某个产品，那么关键词的定位就是公司和产品。而用户不会搜索这些特定的关键词，他们往往会搜索某某产品多少钱，某某产品好不好。而这种词往往都只会出现在三级栏目也就是文章页当中，文章页的权重是远小于首页的。

所以站群技术就是直接将该搜索词展现在首页，让二级域名更容易被收录并获得好的排名。

4．小结

站群技术的出现，节省了网站的人工成本和时间，不得不说站群技术在现在依然存在，但效果却没有以前好，尤其是对新站而言。目前市面上又出现了更新的技术，如快排和 Gov 泛解析，后面会具体讲到。

案例 1-6

作为站长，笔者曾接过一个医疗项目，当时通过程序搭建了上百个网站，当然是很一般的网站。只要拥有一个顶级域名和一台服务器，通过解析上百个域名和服务器的配置，很快就可以搭建上百个一模一样的网站。而核心关键词却只有几个，如xx不孕不育、不孕不育医院、不孕不育专科医院等。网站其实都是一样的，而且没有太多有价值的信息，但是通过每个网站之间进行友情链接、内链导入等操作，很快就能使一些网站排在百度首页，从而提高了网站的排名和网站的权重。通过站群技术，短短一个月便使该家医院的就诊人数增加了许多倍。

站群的准备工作：顶级域名，会简单的解析；一台稳定的服务器，会配置简单的 IIS 和 Apache 服务。每个网站添加友情链接，最好选取几种关键词和网站。

1.4 做 SEO 之前的准备工作

当一人慢慢成长之后，往往不会再毛手毛脚地去做事，而会根据将要做的事，制定一个完整的计划和目标，有了计划和目标，做事才会更有动力。同样，做 SEO 也不例外，作为一名学习者，我们要清楚 SEO 是一门需要执行的技术，而需要执行的技术，往往需要一个载体。就像做销售一样，再好的销售也要有产品。

1.4.1 域名、空间和备案

域名和空间是做 SEO 的开始，就像卖房子一样，域名相当于地皮，而空间就相当于楼盘。只有买好了地皮，做好了楼盘，最后才能销售，而 SEO 就相当于销售中的渠道。当然，在做销售之前，也免不了要做一些相关的认可手续，那就是备案。

1. 域名

域名：用户需要访问到我们的网站，查看网站的内容，那么网站首页就是域名。域名分为顶级域名和子级域名（如二级、三级都是子域名）。很多人会认为带 www 的就是顶级域名，其实并不是，我们只是习惯了 www 的存在。我们可以在各大服务商处进行域名的注册和购买，如图 1-13 所示。

图 1-13 新网域名注册

顶级域名：xxx.com 没有任何前缀的才是顶级域名，而一个顶级域名本身是没有子域名的解析限制的，但是我们购买域名的服务商会做一些限制。目前市面上解析最多的是 100 条。

子域名：子域名一般用得最多的就是二级域名，而二级域名的命名规则也很重要，一般是根据英文或者中文的首字母来区分。当然，由于移动站点的升级，大多数移动站点用的也是二级域名，常用的移动站点的二级域名为 wap.xxx.com 或者 m.xxx.com。

2. 服务器和空间

服务器：通俗的解释就是在供应商那里有一个机房，机房里有许多计算机，每一台计算机有一个独立的 IP 地址，而这个 IP 地址就是我们的服务器地址，这台远程的计算机就是我们的服务器。服务器是一台计算机，我们可以通过 mstsc 远程命令来控制它。

虚拟空间：我们可以将服务器比作一个家，而虚拟空间就是家里面的一个小房间。注意，虚拟空间无法使用站群技术。

3. 备案

现在很多网站都是已经备案的网站，备案的网站可以定义为合法、合规的网站，可以通过如图 1-14 所示的备案信息进行查询。除此之外当然也有一些没有备案的不合法的网站，但是国内的主机和服务器要求都要备案，否则无法正常访问。

图 1-14　备案信息查询

备案一般分为网站备案、域名备案、ICP 备案和网络备案 4 种，而常见的主要有域名备案和 ICP 备案。由于工信部（工业和信息化部）的政策和服务商对接，网络上统称为个人备案和企业备案两种。

个人备案：主要针对的是拥有域名，并使用国内主机的个人用户。该类网站经营内容不限，但色情、博彩、违法类型的网站除外。

企业备案：主要针对的是企业用户，以公司的名义运行的网站。

当我们购买好域名和国内空间之后，必须要进行备案。备案时间根据服务商的进度，一般周期为一个月左右。

4. 小结

目前比较主流的服务商有万网、新网、西部数码和美橙互联等。用户可以根据自己的喜好挑选合适的服务商进行购买。域名价格一般为 49 元/年，经过多年的价值渲染，目前大多数有价值的域名几乎都已经被抢注并售出。域名越短，时间越长，自然其价格就越贵。而空间的价格根据大小而定，如果只是做一个简单的网站，一般 200MB 即可，赠送 50MB 的数据库，价格一般在 200 元/年。

案例 1-7

注册域名和空间其实也非常简单。

第 1 步，通过百度搜索引擎输入"万网"进入万网的官网。第 2 步，在万网注册一个万网的会员账号。第 3 步，注册成功之后，输入并查询自己想要注册的域名，这里我们最好选择.com 为后缀的域名，因为目前来说其是最利于进行 SEO 的。如果没有.com 的域名，也可以考虑使用.cn 和.net。一般来说，域名和空间是一起购买的，所以接下来我们要购买空间。第 4 步，选择空间，也可以说是虚拟主机。选择虚拟主机时，一定要看好配置，特别是空间流量。第 5 步，付款购买，这个时候你会得到一个 FTP 账户密码，用来控制网站的操作和更改。

1.4.2 了解简单的 CMS 程序

当买好域名和空间，并且备案审核通过之后，我们就要开始做网站了。而用于连接操作网站内容的工具叫做 FTP，这些都可以在对应服务商的后台管理界面中看到。FTP 登录一般是由 IP 地址、账号和密码 3 部分组成。目前主流的 FTP 工具有很多，在这里推荐常用的两款：FlashFXP 和 CuteFTP。

登录连接上 FTP 之后，就可以开始搭建网站了。搭建网站并没有我们想象中的那么难，但是作者这里也不推荐那种"傻瓜式"建站，如果你不懂一些代码的话，采用这种建站方式很容易会成为他们的推广者。所以在这里更推荐大家使用一些开源的 CMS 程序，建站也非常方便。

CMS 的全称为 Content Management System，中文意思为内容管理系统。而开源的意思就是免费开放使用，可以借助开源的此类系统进行快速建站，有一定基础的程序员也可以进行相应的二次开发。下面为大家介绍目前主流的 CMS，大家可以根据自己希望创建什么样的网站，选取合适的 CMS。

> 注：由于本书重点是 SEO，所以不会深入讲解建站的内容，而且只会讲以 PHP 代码为基础的主流的 CMS。

1. DEDECMS织梦系统

DEDECMS 织梦是国内相对来说时间比较长，而且功能也比较强大的开源系统，是众多企业和个人站长的首选。简单来说，适用于新手，而且对于具有 PHP 基础的程序员来说，还能够更好地进行二次开发。

优点：入门简单，无须太多基础，能快速搭建简单的站点，而且完全是静态化页面，利于 SEO 优化。下载 DEDECMS 并安装之后，再在网上购买一套系统源码，即可快速搭建一个网站。

缺点：漏洞太多。因为织梦本身不是足够强大到用流量来盈利的系统，所以织梦的发展相对来说比较缓慢，导致出现大量漏洞。作者曾在 2013 年利用织梦系统出现的漏洞，进入上千个织梦站点。

案例 1-8

实操 DEDECMS 安装流程图（本地请先安装 WAMP 虚拟环境）。

首先将 DEDECMS 源码通过 FTP 工具上传至虚拟空间，并输入网址 http://www.xxx.com/install 进入织梦安装界面，如图 1-15 所示。

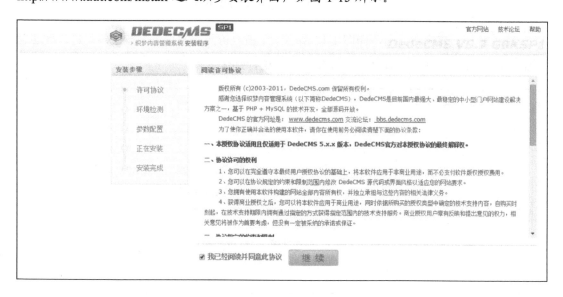

图 1-15　DEDECMS 安装第 1 步

在如图 1-16 所示的界面中输入相应的数据库账号和密码，数据账号和密码可以在空间服务商的后台控制面板中找到。

图 1-16　Dedecms 安装第 2 步

最后进入安装成功界面，如图 1-17 所示。单击"访问网站首页"按钮即可进入域名首页部分，单击"登录网站后台"即可登录后台进行操作管理。

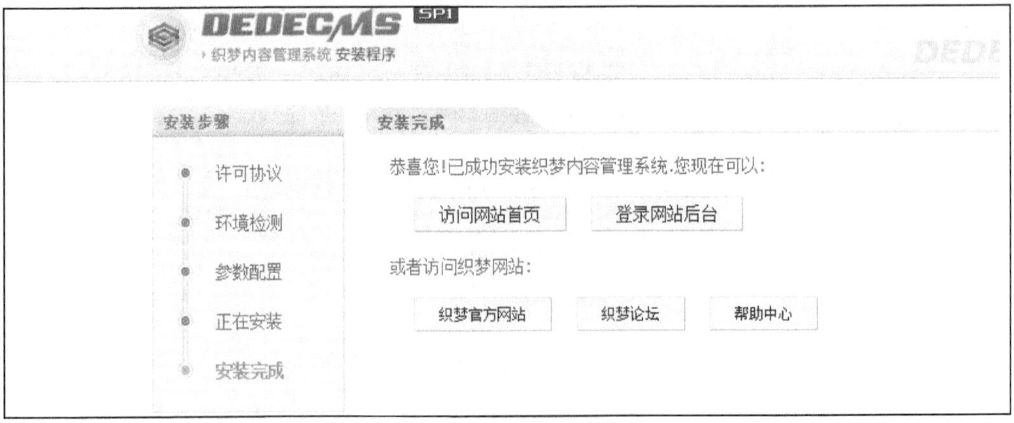

图 1-17　DEDECMS 安装第 3 步

2. Discuz和PHPWind程序

Discuz 和 PHPWind 一直作为论坛快速建站程序活跃在互联网中,但随着近几年 Discuz 的兴起,使得 PHPWind 开始没落,所以在这里作者更推荐使用 Discuz 来搭建论坛。两者的优缺点介绍如下。

优点:知名度高,安全性强,合作商提供的免费和收费插件足够多。

缺点:操作复杂,没有一定的代码基础是很难上手的,而且在没有空间服务商的帮助下,很多新手站长连伪静态都无法实现。

3. WordPress和Z-Blog程序

作为博客 CMS 站点的存在,WordPress 和 Z-Blog 也一直是大家讨论的重点。相比而言,WordPress 是以一种小清新的风格问世的,也就是曾经的简约版的网站。博客的发起是方便更多的用户在网络上写写日记或感悟等,如市面上很多的自媒体网站,最初都是以博客网站自居的。两者的优缺点介绍如下。

优点:模板风格清晰,后台操作简单,可以使用类似空间的自定义布局。

缺点:不方便修改核心文件,需要拥有一定的 PHP 代码基础。

4. ECShop系统

淘宝网站的盈利模式,掀起了一阵电商热潮,通过网上购物带来的便利也让众多商家看到了福利。但并不是每个电商团队都能开发出像淘宝如此强大的站点,于是 ECShop 问世了。ECShop 的诞生结合了支付宝和银行卡在线支付等功能,除了"某宝""某东"等大型电商网站拥有大型的开发团队之外,绝大多数的电商网站使用的都是 ECShop 或者其他类似的商城 CMS 系统。ECShop 的优缺点介绍如下。

优点:打开了新的局面,以往的 CMS 系统都没有直接达成交易,ECShop 是首家开通在线支付等功能的 CMS 系统。

缺点:只能用于电商,而且因为电商行业的庞大,后台操作会更加复杂。同样,如果需要做开发的话,也需要强大的 PHP 程序基础。

5. 小结

以上几种开源程序都是目前主流的以 PHP 代码为基础,除了第一种 DEDECMS 之外,其他几种 CMS 系统除了简单的安装之外,都需要使用者具有一定的 PHP 基础。所以如果是新手站长的话，作者在这里推荐使用 DEDECMS，以简单的企业网站或者博客网站入手。

1.4.3　确定好网站的定位

选好了使用什么样的开源程序建站之后，接下来就要给网站定位了，这个定位决定了未来网站 SEO 的方向。网站定位就是确定网站的方向、网站的核心理念、目标用户，以及能够提供的价值和未来通过什么方式来盈利。在网站定位确定之后，通过 SEO 加 SEM 及各种渠道的营销，来保证用户、市场、产品及能否在未来得到良好的形象。

1．认知

在做网站之前，需要对自己或者公司做个定位。例如，自己能做什么，自己的优势是什么，是资源对接，还是可以通过网络来销售货物。在没有认清自我的情况下，不要轻易给网站定位。最好是有规划地进行布局。一个网站除非坚持了很久，有了一定的排名才可以通过广告来挣钱，大部分网站的盈利模式都是通过提供资源服务或者销售进行维持的。

2．从简单的网站入手

无论是个人还是企业，这里都推荐从简单的网站入手。如果现在你说要做一个大型的门户网站，那么得到的可能不是赞许而是嘲笑。因为这完全不切实际，一个网站的运行需要花费大量的时间和精力，而不是网站做得规模大，流量就多，这是一种错误的观念。

根据 1.4.2 节中介绍的 CMS 程序，大家可以很清楚地知道，搭建一个简单的网站是最高效的，然后再一步步地通过网站 SEO 进行优化，产生流量之后，盈利自然不是问题。

3．目标

不以结婚为目的谈恋爱都是不认真的。同样，不以盈利为目的的网站都会"死"的很难看。在网站定位好之后，需要给自己设定一个目标。例如，这个行业通过网站 SEO 之后，发展的空间有多大，目标用户有多少，能否通过我们的网站来成交业务。

目前的网络上出现了两种情况，这两种情况给公司的盈利造成了困扰。一种是注重网站的美观度，但是网站的排名却很不理想；另一种是网站排名非常好，但是网站却做得乱七八糟，甚至还有垃圾链接。

4．宏观概念

网站定位并不是一两句话就能简单地说清楚，其中包括各个职位的分工，如策划、设计、程序、文案、编辑、SEO、外推、SEM 和咨询。从宏观概念来看，任何岗位的可行性都很重要，需要通过整体了解，最后由策划人员进行整体布局。

1.4.4 制定每日的量化工作

等一切都确定好之后，就可以开始给自己的工作岗位定目标了。这个目标考验的不仅仅是作为一名专业的 SEO 工作者的责任，更考验的是 SEO 工作者的耐心与分析能力。SEO 是一项持续性的工作，而不是立刻见效的。作为 SEO 工作者，我们应清楚自己每天的任务，并且持之以恒地做下去，要相信机会是留给有准备的人的，而成功却是留给坚持下去的人。

1．查询网站收录

收录分两种：一种是网站内部的收录，一种是站点外的收录。

站内收录：指带有本站域名下的首页，栏目及文章的收录是否增加；

站外收录：指昨天在哪些平台发布了与本站相关信息的网址，是否正常收录。有哪些信息被收录了，有哪些信息没有收录。经过一到两周时间的重复排查，如果某些网址持续不收录，那我们可以选择直接放弃。

2．排名和快照

因为百度的动向谁都不清楚，虽然只要网站稳定，就不会出现大规模的排名变动，但每天都需要查询一下关键词的排名，以保证网站的稳定性。至于快照，一个好的网站快照会每天更新，甚至能做到实时更新。记住，快照我们只需要关注首页即可，如果首页稳定，则问题不大。但是如果出现大规模的网站快照回档，那么这个时候 SEO 工作者就需要进行数据分析了，排查具体原因。

3．外链引流

百度现在已经开始大量提升原创文章网站的权重，这使得一部分 SEO 工作者开始担心外链是否还有效？这里可以很明确地告诉大家，外链依然是有效的，但可能没有那么好的引流效果。但我们要相信，互联网是一张巨大的网络，数据和用户流通才是互联网真正的价值。每日持续地发布一些有价值的外链，抛开搜索引擎引流来看，假设我们在高权重的网站上发布了某个销售信息或商品信息，并留下了相关的联系方式，那么这也可能是利润的来源。

4．关键词扩充

当网站定位的核心关键词都趋于稳定排名的时候，SEO人员就需要去寻找新的关键词来达到更好的效果。而这一展现方式，往往会位于百度搜索最下方的相关搜索上。这些相关搜索均来自于百度的数据统计，也就是说这些与企业关键词相关的搜索也是用户所关心的。

5．网站访客数据

每个网站在做好之后都会放一些统计代码，而这些统计代码后台返回的数据，正是一名合格的SEO人员需要掌握的。常见的统计代码有站长统计、百度统计和51la等。而我们需要关系的核心数据就是IP和PV的涨幅。

6．寻找新的资源

做SEO，永远不能按部就班，拿着多少资源就做多少资源的事。可以每天花一部分时间去寻找新的资源平台，这些资源平台的利用不仅可以加深网站的曝光度，还可以给网站带来更多的利益。

7．小结

SEO表面看是一门技术，但更深地说也是一门"内功"。我们除了必要的坚持之外，还要不断地进行摸索和学习研究，来提高自身对SEO的理解。

第 2 章　SEO 进阶步骤

市面上关于 SEO 的书籍有很多，其内容也参差不齐，这就导致了有的新手说起来感觉全都会，等真正实操的时候却一脸茫然。其实这个问题的关键是没有找对合适的学习方法。我们学习任何一门知识，都是"师傅领进门修行在个人"，要想完整地将 SEO 融会贯通，最后需要总结出自己的一套流程，也可以说是经验。

学习 SEO 其实并没有那么难，难就难在观点太多，方法太多。新手往往会犯一个很严重的错误，那就是这个老师的书看一下，那个老师的教程看一下，其实这是一种很不好的学习方法。

2.1　SEO 实操之准备阶段

很多初级站长和 SEO 新手在刚刚进入互联网的时候，最大的心愿就是想通过搜索引擎这个巨大的网络来获取流量，进而展开一些变现的措施。但这个心愿并不是每个 SEO 人员都能做到的。往往许多的 SEO 人员都停留在问题不断，但不知道如何解决的阶段。这种既浪费时间又浪费精力的行为，最终只会让 SEO 人员放弃对网站的热衷追求。SEO 不但是一门技术，而且不是短时间内就能学会的，需要不断地通过实操学习和案例分析来提高自己。

那么作为一名 SEO 新手，可以从以下几个实操方向去学习：合理规划、快速学会建站、做正规类型的网站、会数据分析、学习官方理论知识、使用站长工具。

2.1.1　合理规划

人都是有惰性的，如果不进行一个有效的计划，给自己定一个时间、一个目标，那么这个计划很有可能不会实现。学习 SEO 更是如此，SEO 需要通过大量的时间和精力去专门研究。每个人的学习能力不一样，接受新知识的能力也不一样。在学习的过程中千万不要有攀比，如有的人三五个月就能学会基础知识，并开始慢慢实操，而有的人一两年还停留在了解基础知识的阶段。而且每个人的经历不一样，如作者本人是程序员出身，所以从做好网站之后，就开始想怎么获取流量，因此才慢慢开始接触的 SEO。

1. 定时间

因为 SEO 入门阶段属于一门网络技术，所以每个人都能学，但是每个人的时间却是不一样的，有的是学生，有的是上班族，所以我们在学习 SEO 的时候，需要根据自身情况，确定一个时间。如果你是学生，要想学好 SEO，那么就从基础知识开始学起，在时间充足的情况下，可以每天多花费一些时间去学习；如果你是上班族，并且从事的是网络工作，那么就可以在网上多查找一些知识点，进行系统化地学习。因为从事的是网络工作，所以身边或多或少会有一些专业人士，而这些专业人士也可以成为你的师父；当然，如果你没有从事网络行业，而是想通过学习 SEO 来转型的话，那么建议你离职专心学习；如果你想下班之后再学的话，这种学习方法并不理想，消耗的时间也会更长。

在这里根据不同的人群给出不同的时间，学生：一至两个学期左右的时间了解 SEO 入门，并开始实操；空闲的网络上班族三个月的时间可以入门；想转型离职的上班族两个月的时间即可；想转型而不想离职的上班族，没有时间限制。没有时间限制就代表着很难在短期内学好了。以上的目标时间是根据大家的空闲时间安排的，前提都是需要认真，专心地学习，不能三天打鱼两天晒网。

2. 定目标

定时间是为了达到最终能够掌握 SEO 的目标，而目标就像登山，一次定的目标太高，会给人一种望尘莫及的感觉，心里压力也会逐渐增大，久而久之就会动摇，慢慢地会放弃学习。在学习上，我们可以采用一种分段目标的学习方法，将一个大型的目标分化至每天的目标、每周的目标。例如，今天需要看多少章节的知识，本周需要掌握哪些 SEO 的知识，最好能够做到每周末对当前一周学习的知识进行总结，这样更加有利于加强印象。

3. 切忌过于自大

许多人在学习一段时间之后就会觉得自己什么都知道了，什么都懂了，但其实大家可以想一下，如果通过三五个月的学习，就能将一门热门的技术弄清楚，那基本是不可能的。我曾写过一篇《无知，自大，求知欲》的文章，这也是一个人学习的三个阶段，如果学好一门技术打 100 分的话，那么无知代表 0，什么都不懂；自大代表 1，开始懂得一点皮毛；求知欲代表 99，开始深入研究提升自己。

无知其实并不可怕，最可怕的是自大。自大现象一旦出现，就会给自己一种飘飘然的感觉，甚至会一度停留在一个死循环中。具体表现为：一说全都懂，做起来就不会或没有效果，遇到问题也不知道怎么解决。这种自大的现象，在互联网时代比比皆是。

2.1.2 学会建站

学 SEO 就必须要有网站，网站就像产品，SEO 就像销售，得先有产品才能进行销售。因为互联网越来越讲究快速、高效，所以建站这门复杂的程序技术也被操作简化了。这种现象不能说绝对的好与坏，因为资深的程序还需要扎实的锻炼。这里我们对技术不多加探讨，重点在于怎么学好 SEO，所以本节所讲的学会建站也是快速建站。

快速建站分为两种，一种是"傻瓜式"建站，这种建站方式非常不利于 SEO 优化；另外一种则是自主建站，通过学习开源的产品自己搭建网站。而开源的产品非常多，我们以第 1 章提到的 DEDECMS 为例来介绍。

1. 组成

一个完整的网站由域名和空间构成，如图 2-1 所示，而空间存放的内容则由美工、前端和程序来完成。域名和空间可以通过服务商购买，而美工、前端和程序就是我们必须要掌握的一些基础技术知识。虽然不需要具备太专业的知识，但是也要了解一些，以方便知道以后出现问题怎么解决。

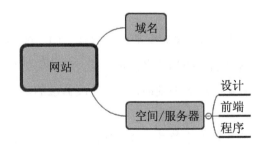

图 2-1 网站的基本组成

- 域名：网站的首页网址，一般为 www.xxx.com 形式；
- 空间：根据网站的大小而定，一般的中小企业网站为 200MB 即可；

- 美工：网页最初就是一张图，由美工负责出图；
- 前端：将美工出的 PSD 图纸进行切图排版；
- 程序：通过各种动态编程语言进行网站搭建。

2．掌握技能

虽然我们不是相关的专业人才，但是需要简单了解一下其中的操作。例如，美工方面可以学习 Photoshop，即怎么 P 图；前端方面可以学习 HTML，推荐软件 Dreamweaver；程序方面建议学一点基础的 PHP 语言，以开源程序为主。

3．快速建站

了解了网站的组成部分之后，就可以开始快速建站了。我们通过购买域名和空间，使域名能够正常访问。之后在网上下载一款叫做 DEDECMS 的开源程序，按照其步骤提示进行安装，当然也可以在淘宝上花几毛钱至几块钱购买一套 DEDECMS 的网站源码。源码的意思就是对方已经做好了网站，我们只需要安装，并还原数据库即可。

4．其他知识

对于建站来说，美工和前端的知识并不是特别重要，相对而言，程序往往更重要。所以除此之外，还需要掌握程序的延伸知识，例如数据库或网站出现问题，只要交给程序员之后，美工和前端人员就没有太多可操作的了。所以作为个人站长而言，学习程序并没有什么坏处。

2.1.3 了解百度算法

在做 SEO 的时候我们经常会听说百度的某种算法，网站的一些常规优化，以及不必要的操作都会影响网站在搜索引擎中的排名。所以当 SEO 人员在进行网站搜索引擎优化的时候，最好根据自己所需要优化的关键词，进行百度算法的熟悉，了解百度的最新算法更偏向哪种模式。

目前网络上一共流传着 4 种百度算法，分别是：蓝天算法、冰桶算法、绿萝算法和石榴算法。

1．蓝天算法

蓝天算法的出现主要是为了打击恶意严重的新闻源。越来越多的地方性网站，由于获取了较高的流量，而能够使一般性文章都有较好的收录和排名。相应地，为了能够获利，越来越多的网站开始兜售新闻源，导致网络上出现了大量的垃圾信息。为了更好地提高用户的体验度，百度针对此类情况持续打压新闻源和软文等兜售行为，还用户一片蓝天，因此称之为蓝天算法。

新闻源主要是指一些网站，通过向企业用户进行引导性宣传，告知企业用户，如果在该网站上发布文章，可以快速被收录并获取排名，因而所收取的费用。因为其收取的费用低，并且对文章内容没有硬性要求，因此就导致了各种广告软文的出现。

2．冰桶算法

冰桶算法主要是针对移动搜索而言。由于移动端充斥着大量的垃圾信息，如弹窗下载、用户登录的大面积垃圾广告，尤其是当用户访问某个移动站点的时候，站点都会提示用户是否下载、安装某款 APP 软件。越来越多的移动网站，为了增加用户量，而使用诸如此类不利于用户体验的方式，这些正是冰桶算法强烈打压的对象。

3．绿萝算法

绿萝算法是百度搜索引擎开创的一种全新的算法。越来越多的网站站长为了快速获利，使用自己手上高权重的网站进行友链（友情链接）倒卖，以此来提高自己的收益。绿萝算法的出现，正是为了打击垃圾网站，以及不符合规定的垃圾网站，更加有效地提高搜索引擎的合法性和合规性。

4．石榴算法

石榴算法可以算是绿萝算法的升级，在绿萝算法打击垃圾外链之后推出了石榴算法。石榴算法在此基础上更加严厉地打击垃圾页面及低质量的页面，一步步地完善整个互联网环境。

5．小结

对百度算法有个初步了解，主要是让初学者明白，百度搜索引擎对于各种垃圾信息都在严厉打击。在我们学习 SEO 的时候，一定要记住这一点，多多创造有价值的内容才是 SEO 的根本。

2.1.4 掌握数据分析

网站建成之后，我们会进行 SEO 优化，慢慢地就会产生一定的数据，这些数据一般会根据我们所放置的统计代码，在相应的后台界面生成。掌握这些数据之后，要学会分析数据，如图 2-2 所示，针对这些数据查看哪些地方是做得好并持续保持的，哪些是做得不够好需要改善的。

例如使用百度统计，可以在百度统计后台进行数据分析，但是由于数据量庞大，不可能每个方面都能够分析到，所以要有针对性地分析。通常进行分析的数据有 UV、IP 和 PV 值，以及搜索引擎的来源、关键词的来源、入口页面及访问页面。

1. UV、IP和PV值

有许多初级 SEO 人员更多的是关注 IP，认为 IP 值就是用户数据。其实真正的用户数据是 UV 值，而 IP 值只是针对计算机而言独立的 IP。我们可以通过 UV 值和 IP 值进行一下对比，如果 UV 值大于 IP 值，那说明是正常的，但是如果 IP 值大于 UV 值，则很有可能出现了假数据。之后需要关注 UV 值和 PV 值的比例，如果接近 1:1，则是一个很差的网站；当然如果高于平均值，则是比较好的网站了，因为停留时间长。之所以用户的停留时间会长，也是因为用户喜爱该网站才会花时间进行浏览。与此同时我们还需要关注网站的跳出率。跳出率越高，证明网站越差，这个时候就要综合性考虑网站出了什么问题。

2. 搜索引擎的来源

尽管百度已经成为搜索引擎的巨头，但是在中国市场上并非百度一家搜索引擎。尽管其他搜索引擎如 360、搜狗、有道等流量不如百度，但是也会有用户使用百度之外的搜索引擎。而这些用户也是我们的潜在客户。所以可以通过如图 2-2 所示的数据针对性地优化，让我们的网站出现在更多搜索引擎的首页。

3. 关键词来源

因为搜索引擎的强大，加上网站的权重，用户通过关键词进行搜索时，百度搜索引擎会根据匹配度加上权重进行匹配，来展现我们的网站。而为了更好地匹配到我们的网站，可以针对用户的搜索词信息进行网站调整，调整的数据尽量是那些流量大而排名较低的关键词。

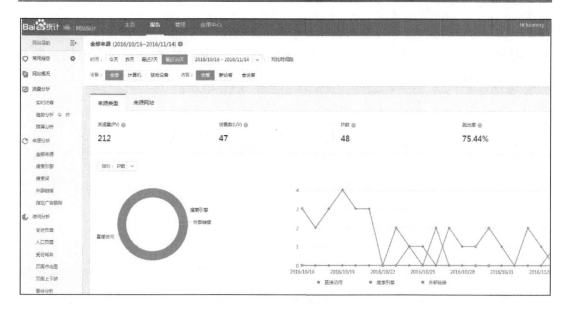

图 2-2　百度统计数据分析

4．入口页面

入口页面指的是用户通过某个链接进入我们的网站，那么这个链接地址就是入口页面。一般，入口页面分为两种，一种是通过搜索引擎进入，另外一种则是通过第三方平台进入，也就是通常所说的外链。通过搜索引擎进入的，我们只需要了解关键词优化得是否足够好，进行改善即可。我们可以重点了解一下通过外链进入的页面，证明我们发布的外链是有效果的，可以持续性地发布外链。

5．访问页面

后台数据可以反馈出哪些页面被用户访问过，被访问过的页面停留时间有多长。首先我们要了解的是通过搜索引擎访问的页面，这种页面可以算得上是流量的主要来源；其次需要了解的是停留时间，停留时间越长，证明该页面越优秀。如果某个页面出现的停留时间在几秒钟以内就被用户关闭，那么这个页面的跳出率是非常高的，而该页面有点击量，证明我们的标题足够好，但是内容还需要改善。

6．小结

通过这样的数据分析可以很快地知道我们所优化的网站哪些地方做得好，哪些地方做得不好，哪些地方可以继续保持，哪些地方还需要不断改进。互联网时代就是数据时代，我们切忌不能通过自己的想当然，认为这个事就该这么做，往往这样的效果并不理想。掌握数据分析，是一个 SEO 人员必须具备的专业知识，也是网站能否获取好的排名，带来足够流量的前提。

2.2　SEO 实操之优化阶段

2.2.1　SEO 优化步骤

SEO 可以比作是针对网站排名的一套完整系统，而这套完整的系统需要一步步地做好定位。SEO 经过多年的发展，已经演变成两种模式，一种是常规的技术型知识，另外一种则是专业性的寻求突破。技术型的知识就像火车轨道一样，学会就能使用；而更加专业的知识，就需要在经验中不断地总结了。我们首先来了解一下当做 SEO 的时候，一般需要经过哪些步骤。

1．定位关键词

当拿到一个网站，或者决定做什么类型的网站时，一定要优先将关键词选好，关键词的好与坏，将直接决定网站未来的发展方向。关键词定位主要包括关键词热度分析、同行对手分析、网站相关度分析、关键词排名预测等。

2．网站结构分析

网站结构一定要清楚，对应的树形结构才是搜索引擎最青睐的网站结构。一个好的网站结构，将大大加快百度蜘蛛对网站的评估，而不能杂乱无章。网站结构分析一般要将一些没有必要的数据剔除，重点对网站的导航及内链布置进行优化。

3．子栏目与内页

做网站不仅仅是为了让首页关键词获得好的排名，首页排名固然是流量最大的来源，但是我们做的是全站的 SEO，必须要让更多的页面同时带来流量。所以做网站 SEO 的时候，子栏目和内页的 SEO 也是同样重要的。

4. 文章和内链

首页其实对于搜索引擎来说只是一个入口，更多的是需要网站文章的更新，尤其是高价值的原创文章的更新。对文章的更新，最好做到每日一更，为网站持续注入新鲜的血液。而内链则是贯穿网站所有数据的根本，因此网站的内链结构要搭好，侧重于哪个页面，会使搜索引擎判断该页面更加重要。

5. 网站地图

网站用户一般有两种，一种是访问网站的目标用户，另外一种则是搜索引擎。网站地图的作用针对目标用户而言，是可以快速找到自己想要的栏目，针对搜索引擎而言是方便搜索引擎能够更加直观地对网站进行爬行和访问。

6. 高质量友链

一定要记住友链切忌"胡乱搭建"，甚至是通过花钱购买。百度针对友链倒卖的行为打击是很严厉的，所以在搭建友链的时候应遵循两个要素，一种是同行业的友链，另外一种则是权重较高的同行友链。

7. 数据分析

数据分析针是对网站流量而言，读者可结合 2.1.4 节中的数据分析细节，进行网站的优化。

2.2.2 SEO 优化公式

SEO 有一套完整的公式，如图 2-3 所示。但是真正了解 SEO 公式的从业者并不多。大多数在公司担任 SEO 工作的人员还都停留在初级阶段，一般从外推开始做起，并没有接受过专业的培训和学习。而大多数站长则是坚持撰写原创文章，慢慢地引导，做好自己网站的 SEO。本节我们将详细了解 SEO 公式，从基础上了解 SEO 的本质。SEO=$\int Clock=\int C1+L2+K3+O4$，其中 $\int$ 是一个积分符号，C=content，L=link，K=keywords，O=others。SEO 就是通过这样一套完整的公式，一步步地进行网站排名的提升。

1. C

Content 是内容，网站的内容就是网站的根本。随着百度对 SEO 的逐渐完善，曾经的伪原创和采集也在现今的 SEO 中没有任何价值了，所以我们在更新网站内容的时候，最好更新原创文章，文笔好的可以直接更新高价值的原创文章。

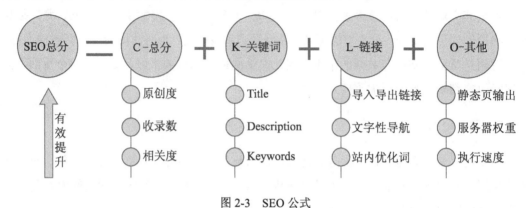

图 2-3　SEO 公式

2. L

Link 链接怎么搭建与搭建的密度占据第二主导地位，合理的内链搭建与高质量的外链引流都能给网站带来巨大的好处。只是内链更多考虑的是站内优化，外链更多考虑的是引流。

3. K

关键字对于整个网站的优化是最重要的，一个网站具有三要素：标题 title、关键字 keywords 及描述 description。除此之外还有各个站内的代码优化，适应搜索引擎的优化等。

4. O

除去以上三个核心之外，还有其他的许多方面也需要注意。例如，域名、网站的年龄、服务器、排版、布局等。SEO 是一个整体，由许许多多微小的细节组成。

2.2.3　SEO 常见现象

无论你是刚开始做 SEO，还是接手旧网站进行 SEO 优化，都会遇到一些事情。例如，最开始用心优化网站，却无法有很多的收录，但是慢慢地收录却会暴增；再如网站的快照是当天的，却在第二天的时候回档到一个月之前等现象。这些现象或多或少都会影响我们对 SEO 的判断，很容易使我们放弃继续进行 SEO 优化。

1. 沙盒

沙盒现象是所有 SEO 现象中最常见的一个现象，主要是针对一些新网站而言。百度搜索引擎会对新网站进行一个时间段的考核，这个考核的时间里不会放出网站的收录、排名等主要信息。但是会进行记录，通过这段考核之后，收录和排名就会陆续展现出来。

2. 炸弹

炸弹现象是针对外链而言，这种现象是因为新网站开始之初，许多 SEO 为了快速提高网站的权重而大量发布外链。因为外链的增多，会让搜索引擎错误地认为该网站得到了大量网友的喜爱，会给予很高的权重。

3. 幽灵

幽灵现象针对的也是新网站，新网站因为更新频率和质量的原因，无法保证形成固定的规律。这就导致新网站会出现网站排名时高时低的现象，而这种现象的出现往往证明搜索引擎在对该网站进行考核。网站排名时高时低的现象就被称之为幽灵现象。

4. 快照回档

造成快照回档的原因，主要是网站的空间不稳定、网站首页进行改动、友情链接异常、百度算法更新、优化过度，以及使用 SEO 代码隐藏方法等几个因素。当出现快照回档的时候，需要针对性地去解决问题，持续更新有价值的内容并调整友链，并且根据百度算法而做出必要的调整。

2.2.4 网站改版

网站改版对于一个运营过许久的网站来说是很不好的一个操作，网站千万不能轻易改版。而之所以对网站进行改版，大多数原因是之前的老网站已经被 K 站，导致无法挽回，而且当网站改版之后，也会严重影响到 SEO 优化，所以必须要避免网站改版的问题。

1. 如何改版

网站改版如图 2-4 所示，通常由设计、前端及程序 3 类职位人员完成，最后由优化人员进行网站的代码调整。网站改版可以理解为重新做一个全新的网站，风格更加利于搜索引擎优化和用户的体验。但是在这种改版的基础上，尽量不要调整太多的结构和网站关键词，因为只是网站改版而不是域名更换，所以要保证网站之前的正常排名。

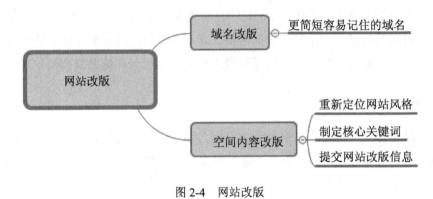

图 2-4　网站改版

2．更换域名

之所以更换域名是因为域名对于网站来说相当于名字，名字自然是越短越好，越容易记越好，更换域名情况的出现，有可能是因为遇到了更好的、更符合自己或者网站定位的域名。在更换域名的时候，必须保证之前的数据完全一样；之后对网站进行验证，告知网站域名更换，提交新旧域名的更新换信息并等待校验，一般的校验周期为一周以内。

3．注意

网站切记不要随意改版，一个网站的改版往往标志着面临更大的挑战，除非是完全放弃之前的站点，进行重新搭建并优化。如果抱着改版并不影响排名的侥幸心理，往往会得不偿失。

案例 2-1

在 2015 年的时候，笔者利用业余时间做了一个优化网站，主要以优化 SEO 网站的外包服务为主，其中也会穿插一些新闻类的信息，如 SEO 信息、SEO 服务、SEO 教程等。由于网站主要以内容为主，因此整个网站的网格都是以内容信息为主，而一些固定的服务和收费价格都没有太大的改动，因此排名虽然在，但没有获取到许多流量，并且也没有任何收益。基于这些原因，为了提高网站的竞争力，于是笔者决定对网站进行改版。

首先笔者决定以网站 SEO 优化服务为主，培训教程为次，如一些 SEO 信息、新闻动态等为基础，网站整体以产品和提供服务为重点。先在各个产品栏目上增加一些不同的服务功能，然后逐渐增加一些网站优化的成功案例，通过网页布局的改变，将更好的网站呈现给用户。

这种改版其实是不推荐的，因为这种改版并不是由于网站出现了非常严重的问题，也不是网站优化过度导致的 K 站。这种改版的情况，一定要注意改版的操作细节。

- 网站标题、关键词、描述在没有必要的情况下，建议不要重新设置，因为网站的 3 大要素会直接影响网站的排名；
- 进行网站收录排除，没有收录的页面，建议直接删除，保留被收录的页面；
- 网站改版之后时刻盯着排名和快照，排查改版后更新的第一次快照，查看排名是否丢失，或者网站首页是否被收录；
- 网站改版之后先观察一段时间，保证网站的正常运作和收录之后，再进行必要的外链发布和引流等操作。

建议：网站是不能轻易改版的，如果一定要改版也要注意以上 4 点。如果网站运营得十分顺畅，再对网站进行改版，无疑是自掘坟墓。

2.2.5 网站惩罚

在与许多站长进行交流的时候，我们往往会听到关于 K 站和降权这两个词，一旦网站被 K 或者被降权，那就是网站被惩罚了。常见的原因有内在的垃圾信息太多，百度算法更新而导致被 K 站，也有其他因素，如网站漏洞过多，被其他黑客入侵而长时间没有清理，这些因素都会导致网站被惩罚。

1. 降权

降权主要是因为网站使用了不符合搜索引擎的规则而提升了权重，最终被搜索引擎发现而采取的警告措施。引发降权的主要原因有：服务器不稳定、同台服务器导致牵连、网站改版、隐藏友链、过度优化、外链隐藏及大量采集等。

网站被降权的问题相对 K 站来说并不是特别严重，如果发现网站被降权，可以根据以上几种方法进行排查。平时在优化过程中也需要注意这些问题的发生，切勿使用一些过度优化等方法，如果是服务器不稳定导致的被降权，应尽快恢复服务器，并做好网站的数据备份。

2. K站

降权只是对网站的一个警告，而 K 站就代表搜索引擎对网站做出相应的处罚。在对网站进行降权之后，如果长时间没有进行网站排查并做出相应的调整，那么处罚一旦降临，就很难再进行恢复了。出现 K 站的原因有：网站发布了大量不合法的内容、站群做法、网站取消备案。

大量发布垃圾信息，造成恶劣的影响者；批量使用二级域名搭建站群获利者；网站备案通过正规审核后，采取取消备案的措施，之后经营违法网站；这些情况的出现都会直接导致网站被K站。

3．区别

K站的原因可能是由于降权导致的，但降权却不一定就是K站导致的。网站被降权并不代表网站就没得救了，当发现网站被降权时，必须要细心地做出调整，不要再刻意地违反百度搜索引擎的规则而造成更大的损失；而网站一旦被K站，就相当于百度对你的网站进行了"封杀"，没得救了。所以在做SEO的过程中，我们需要使用一些正规合法的SEO技巧进行网站优化。

案例2-2

笔者曾做过一家家电维修公司的网站。网站在刚开始运营的时候，就是简单地更新一下站内新闻，外链发的也不多。这家公司的老板是传统模式做起来的老板，对网站是一窍不通，但是又觉得没那么难，所以经常对网站指指点点，隔三差五不是要求改这里就是要改那里。有一次该老板说需要增加通过的主要关键词，越多越好，这样就能带来更好的排名，他想将网站的标题改成"广州维修_广州维修公司_广州家电维修_广州电脑维修公司_广州家电维修哪里好"。网站的标题常规来说是不能超过3个的，但是考虑尊重客户的意见，于是就按他的意见进行了修改。但是有可能在不久后的某一天，网站会出现很严重的问题。

之后开始对网站进行内链铺设，并对网站进行每日更新。因为不是原创文章，加上没有人员配合，网站只能每天按照常规的流程去走。但是因为该老板不停地要求更改网站关键词，然后不断地通过网站外链的堆砌方式来使网站获得更好的排名。就像之前所说的，网站是有一个考核期的，搜索引擎不会立刻发现，但是迟早会发现的。

于是在某一天网站快照开始回档，收录也开始急速下降。在此之前，该公司因为主要做公司周边区域的家电维修工作，还能收到一些网络订单，但是这之后的一段时间内一个网络订单都没有，而该老板责怪我，说现在很多长尾关键词都没有排名了，核心品牌词都没有排名了等。

当时笔者做出的判断就是网站被K站了，因为该网站的一些操作太明显。该老板后来也认识到自己的错误，并希望能重新挽回。于是笔者通过一天的整理，找到了网站被K站的关键原因所在：

- 网站经常对标题进行修改，导致关键词不稳定以及有刻意堆砌的嫌疑；

- 网站优化过度，利用内链引流；
- 外链刻意堆砌，容易造成垃圾站群网站；
- 外链的搭建时有时无，没有良好的规律。

对于以上出现的问题，在今后的网站中进行以下几点的改正：

- 对网站标题进行固定，尽量维持在 3 个短语之内；
- 排查网站是否刻意造假，制造没有意义的垃圾内链；
- 搜集高价值的外链平台，不要刻意追求数量，在这个高质量的互联网环境下，要从质变到量变的转换；
- 坚持保证网站文章的更新频率，以及外链的建设频率保持在一个稳定的进度范围内。
- 最后多花时间在内容上，多多营造高价值的原创文章。

K 站的出现一定是有原因的，SEO 优化是一件循序渐进的事，并且不能操之过急。在接手新站的时候，必须从最开始进行操作，一定要针对性地进行优化，而不是胡乱优化，避免 K 站的出现是常规流程，如果遇到了 K 站的情况，必须尽快调整，以最快的速度恢复网站的排名和权重。

2.3 SEO 分类

通常将 SEO 分为三类，第一类是白帽 SEO，第二类是黑帽 SEO，第三类则是灰帽 SEO。通过分类可以很清楚地了解到，白帽 SEO 是正规技术的 SEO；黑帽 SEO 是通过代码隐藏等方法的 SEO；而灰帽 SEO 则是介于白帽 SEO 和黑帽 SEO 之间，不会完全按照白帽 SEO 循规蹈矩，也不会像黑帽 SEO 那样使用各种违反百度搜索引擎规则的方法。了解 SEO 的分类，对于我们做网站优化是十分有好处的。

2.3.1 白帽 SEO

白帽 SEO 更多的是考虑以后的利益而不是当前的利益。SEO 是一种搜索引擎排名很稳定的方法，如果用心优化则是可以获得足够好的排名的，但是这需要经过相当长的一段时间，而现在的很多人越来越急于求成，尤其是在企业工作的 SEO 人员，他们的目的很简单，只要能带来客户就行，而且是越快越好。

1. 定义

白帽 SEO 是最公平、公正而且是公开的一种技术手法,也是所有搜索引擎通过多年的研究分析得出来的结论。白帽 SEO 的出现使越来越多有恒心、有毅力的 SEO 人员看到了希望,并且获得了良好的利益。白帽 SEO 对搜索引擎来说是一种正规的技术,而对于使用者来说则是良好的道德表现。

2. 好处

使用白帽 SEO 对网站进行优化,不会立刻见效,但是只要我们用心经营,通过时间的积累,会带来意想不到的收获。白帽 SEO 永远是基于长远考虑,而不是停留在表面,成交一个客户算一个客户的思想并不利于白帽 SEO。

3. 特点

白帽 SEO 的特点是永远遵循规矩而来,而这些规矩就是搜索引擎制定的,就像国家的法律,无规矩不成方圆。白帽 SEO 通过遵守搜索引擎的规律,一步步地稳扎稳打建立一个扎实的堡垒,通过对网站各个角度的分析,将网站合理优化,提高用户体验,白帽 SEO 的优化时间较长,这不仅仅是对网站的考验,更是对网站 SEO 技术人员的考验,但是一旦考验变成习惯,效果会越来越好,排名自然也会越来越好。一旦网站是通过白帽 SEO 优化到搜索引擎首页的,那么网站的排名就会非常稳定,只要继续保持,并且时刻关注搜索引擎的变化,不做一些恶意的操作,是可以长期带来利益的。

2.3.2 黑帽 SEO

黑帽 SEO 相对白帽 SEO 而言更加神秘,有些 SEO 人员使用一些简单的代码隐藏方法,就认为自己会黑帽 SEO 技术了。而许多公司需要的是高端的黑帽 SEO 人员,甚至不惜高薪请这样的高手对网站进行优化。因为公司和个人站长不同,公司需要的是业绩及客户,当然成交越快越好。所以现在的一些中小企业都会抛开白帽 SEO 而使用黑帽 SEO,但是黑帽 SEO 是不合法的技术。

1. 定义

黑帽 SEO,听名字就很容易知道这是一种不合法的方法。黑帽 SEO 是不遵守搜索引擎的规矩而来的，其主要逻辑就是挣钱为主。如果将白帽 SEO 比作有组织、有纪律的正规军的话，那么黑帽 SEO 就是无组织、无纪律的非法团体。

黑帽 SEO 不断地游走在搜索引擎的边缘，不会立刻被搜索引擎发现，但是黑帽 SEO 却能快速带来排名和流量。当然，黑帽 SEO 也要去不断地改变并且加强自己的技术。如果说白帽 SEO 技术是一种传承技术的话，那么黑帽 SEO 就相当于 Bug，搜索引擎发现一个封杀一个，而灰帽 SEO 则是存在于两者之间，如图 2-5 所示。

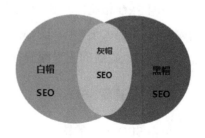

图 2-5　SEO 分类

2．技术方法

黑帽 SEO 也有其独特的技术方法，是与白帽 SEO 完全不同的方向。黑帽 SEO 更多的是通过技术来获取流量，如关键字堆砌、域名重定向、站群技术、隐藏垃圾外链、寄生虫、软件群发、网站快排和域名泛解析等。

这些技术方法有的已经被强制打压下去，但是也有一些技术方法仍然活跃在各个 SEO 广告群。而有些公司也会乐于尝试这种方法，因为相对于百度 SEM 而言，这种方法更省钱。

2.3.3　灰帽 SEO

灰帽 SEO 既不像白帽 SEO 的正规，也不像黑帽 SEO 的不合法，处于白帽 SEO 和黑帽 SEO 的中间地段。相比白帽 SEO 来说，灰帽 SEO 往往是在白帽 SEO 的基础上进行一些加工。这种加工方式既不会影响 SEO 的正常优化，也不会被判断为黑帽 SEO 的技术方法。

如果说白帽 SEO 是学霸通过勤学苦练得来的，黑帽 SEO 是通过自己的小聪明抄袭而来的，那么灰帽 SEO 就属于那种既不努力学习又不违反百度搜索引擎规则的普通学员。其一方面不敢违反百度规则，另一方面对于坚持学习又担心自己承受不了，所以灰帽 SEO 在二者的夹缝中生存，想要出效果却无法坚持，一步步地踏实做优化，就像许多学习 SEO 的初学者一样，只能停留在表面而已。

1．对比白帽SEO

灰帽 SEO 相比白帽 SEO 而言，更多的是节省了优化时间，减少了人工成本。正规的白帽 SEO 需要大量的时间和人工成本来堆积，进行长久可持续的优化。但是对于灰帽 SEO 而言，既可以在时间上得到节省，也可以在人工成本上进行节省。

2．对比黑帽SEO

黑帽 SEO 最大的缺点就是不安全，一旦被发现就会进行整个 K 站的惩罚。黑帽 SEO 因为其独特的技术方法，可以快速地在搜索引擎上获得排名，但是这个排名极不稳定。而灰帽 SEO 虽然不像黑帽 SEO 那样能够快速获得排名，但是同样也不会像黑帽 SEO 那样危险，属于一种均衡的政策。

3．常见方法

灰帽 SEO 一般有两种方法，一种是伪原创，另一种是模拟点击。

伪原创的方法主要是通过复制其他平台的原创文章，进行内容更改，一般更改 30%以上即可。但是该方法越来越被打击，并没有以前的效果好了。

搜索引擎根据用户的搜索和点击频率及次数，对网站的排名进行评估。所以一些 SEO 人员便想到了通过身边的朋友或者某些软件进行模拟点击，其方法和正常用户的搜索方法完全一致。这种方法会在短时间内有效，但并不是正规的白帽 SEO 技术，所以不推荐大家使用。我们做 SEO 的目的始终是以用户为基础，而且需要长期的稳定，这才是真正的 SEO 优化。

4．小结

虽然本节讲了白帽 SEO、黑帽 SEO 和灰帽 SEO 这 3 种方法，但是这里还是建议大家使用白帽 SEO，更能提升自己的专业性，为未来打下扎实的基础。

2.4 学好 SEO 的方法

智者曾经说过一句话"没有规划的学习，简直就是荒唐的"。学习 SEO 并不是一件特别难的事情，却是一件需要通过实践来证明的事，正所谓"纸上得来终觉浅，绝知此事要躬行"。现在越来越多的人已经通过网络可以挣钱，也明白通过网络挣钱的方法就是获取好的排名和流量。但是这些人往往对于网络知之甚少，只是认为网络能够挣钱，于是参加各种培训去学习 SEO，但结果却很不理想。因此，这些学习 SEO 的新手可能会产生这样的疑惑：怎么才能学好 SEO 呢？

2.4.1 模仿

许多人认为 SEO 就是理论上的知识，其实这个观念并不正确。SEO 并没有什么理论，只有不断地通过实践而总结出来的结论。如果你是做教育培训的，可以去找一些相关度比较高的网站，看看其关键词是怎么写的，教育培训的分类目录是怎么呈现在网站上的，牢记他们新开的培训项目在线上是如何推广的，将他们所列举的核心关键词、相关长尾词一遍遍地去搜索引擎里进行查找。

所谓模仿，主要是形似神不似，我们在模仿完成之后，网站不可能很快就获得很好的排名。模仿的关键在于，我们对自己所创建的网站关键词是有信心的，不用经常改动，重点是将心思和精力放在对网站价值的提升上，更要深刻地理解搜索引擎。搜索引擎是过去十多年前让用户直接受益的互联网技术，而搜索引擎的出现主要是为了让用户花更少的精力找到更有价值的数据。所以切记用户才是根本，不要为了 SEO 而 SEO，也就是我们所说的为了优化而优化。

其实，对于网站关键词的模仿并没有那么多的难点，只需要针对自己的产品对照一下成功的案例进行模仿就可以了。而有些 SEO 新手总是认为自己模仿得还不到位，其实这种思想并不对，并不是模仿不到位，而是你的心不定，总是认为有更好的关键词、更有价值的关键词，所以不停地修改网站的关键词，然而这种操作只会对网站造成更不好的影响。

所以一旦确定了网站的关键词，那就不要随意更改，让它固定好即可。就像建房子一样，打好地基之后，在其基础上建房子就可以了。

2.4.2 量化目标之流量

如果读者想要提升自己的 SEO 能力，就需要定目标了，例如，在某段时间内，通过网站进行咨询的客户有 100 人，付费的有 50 人，权重提升到 2 等。

人就是在不断地遇到问题再解决，信心遭受打击又振作起来后进步的，只有这样才会成长。定好目标之后，你会发现网站依然搜不到，没有排名，根本就没有自己当初想的那么简单。这个时候你就要转换思想了，因为只有网站有流量才能带来收益，这个时候问题就来了，流量是怎么来的？

如果说流量是从搜索引擎来的，那么你只是答对了一半。流量确实是从搜索引擎而来，并且排名越高的网站其流量就越大，这才是流量的来源。

通过搜索自己网站的关键词，你会发现很多平时没有注意到的网站却都排在了前面，阅读这些网站里的内容，你会发现原来这些内容都在软文里面，于是又开始研究软文，然后你发现许多网站都是可以注册会员的，从而明白原来这就是外链。通过在一些大型网站上注册自己的账号，并发布一些软文的模式，就叫做外链；如果这些软文能够将一些用户吸引到自己的网站上，这种模式就叫做外链引流。

通过外链引流到自己网站的方法，就成为了早期网站主要的流量来源。

2.4.3 量化目标之软文和外链

于是你开始每天注册许多网，成为其会员，例如，论坛、分类信息网、招商网、自媒体平台等，只要是能注册的网站你都注册了。但是你又发现问题了，许多网站并不能注册，需要认证一些资料，然后提交审核。可是发现这些资料你却没有。但是应该明白越是不容易注册的网站说明越有价值。虽然现在没有这些资料，但经过一段时间的学习之后，这些资料慢慢也会有的。

除了每天更新自己的网站内容之外，更多的时间应该在发外链上。但是不久之后你会发现，一些网站发文章也是需要审核的，而你发布的文章没有一篇通过审核。原来发的文章是网站上出现许久的，而搜索引擎对这种类型的文章是丝毫没有喜感的。后来你明白，原来还有原创软文这种类型，但是想要写好原创软文是很难的，所以又开始学习怎么写文章。

就这样，你每天坚持写文章，并发布到一些有价值的平台上，并且带上了自己的网站地址。然后你会发现自己发布的信息不再被删除，而且有的文章还被推荐到了首页，越来越多的读者来看你的文章，自然就有越来越多的读者来到你的网站，甚至有的读者通过你的坚持而产生了崇拜感。

随后你会发现原来原创文章的价值这么大，然后网站排名会越来越好，流量也越来越大。写到这里我总结了曾经提到的一句话：坚持难吗？难！习惯简单吗？简单！将坚持变成习惯还难吗？我们通过不断地坚持写原创文章，使做 SEO 优化本来是一件很难的事也变得没有那么难了。因为这种坚持已经变成了我们的习惯，SEO 同样也是如此。

如果说能够做到模仿、流量、原创软文和外链这四点，那么说明你是一名合格的 SEO

人员了，但并不是一名永远合格的 SEO。因为做 SEO 和做人一样，不能说我们永远都是正确的，SEO 也同样如此。尽管你每天都在坚持做着，但是难免会感觉有些枯燥乏味。于是有可能你开始投机取巧，如使用一些代码隐藏的方法。然而最终你会明白，这些投机取巧的方法会让你追悔莫及。

2.4.4 贪心不可有，谁有谁倒霉

通过自己的坚持，你的网站流量越来越高，后来发现，明白了原来外链并不需要自己去手动地发，买一款软件就可以了，省时省事又省心。而这款软件中有上百个论坛，每个论坛都可以自动更新内容，完全没有人去审核。于是你又开始做梦，幻想自己终于可以安心地躺着就能挣钱，就这样每天通过这款软件发布了成千上万的外链。这种方法早期确实有效，也让你的网站的外链数增加不少。这款软件带来的便利让你做起了春秋大梦，你开始寻找各种便捷的方法，不再坚持写文章，不再发布一些有价值的信息，因为你觉得原来的那些方法太死板，太累了，自己现在所用的方法才是最明智的选择。

但是没过一个月，某一天突然发现自己的网站排名没有了，收录没有了，通过站长工具查找，发现连基本的权重都没有了。你开始急了，自己的心血怎么就这么没了？你开始寻找问题根源，后来遇到专家帮你解答，原来自己的网站被 K 站了。于是你又开始想办法恢复网站，在各种论坛亲自发帖，寻找解决办法，但答案往往只有 3 个字：没办法。

网站被 K 站相当于人被判处死刑一样无救了。但是不吃亏怎么能成长，更何况 K 站这种情况往往不会出现在新手 SEO 中，只会出现在一些擅于投机取巧的老手 SEO 中。

被 K 站之后只能接受，但是经过了这么长时间的锻炼，相信足以让你成长为一个有经验的 SEO。

2.4.5 小结

要想真正学好 SEO，通过建站、模仿对手、原创软文、外链引流，剩下的就是坚持，日复一日地坚持下去。切忌使用一些不合法的软件，贪图一时的利益。通过观看 SEO 知识只能获得理论，实操才是关键，实操经验才是自己所从事 SEO 行业的制胜法宝。要记住，学习时边看边做，永远比只看不做要有效。

第 3 章 深入理解搜索引擎

我们可以将百度、搜狗、360 等公司通过某种特定的程序语句，运用一定的网络技术，将用户在互联网上发布的一些信息进行收集、存储和转义，并通过浏览器展现在搜索用户面前的处理形式理解为搜索引擎。

搜索引擎足够强大，是一切网络信息的存储地和展现地。一个完整的搜索引擎由 4 部分组成：搜索器、索引器、检索器和用户接口。其中，前面 3 个都是用于存储，最后一个用来展现。

3.1 搜索引擎详解

其实搜索引擎并没有那么复杂。我们在访问某个网站的时候，都会在比较显眼的地方发现一个搜索框。这个搜索框的出现是为了方便用户快速查找特定的信息，当然这个特定的信息也只是针对该网站的内容而言。

同样，我们可以将搜索引擎理解为一个大型的网站，如百度、搜狗或 360，它们只是没有以一个网站的形式展现。但它们其实也是一种网站，并且是功能强大，搜集了众多网站入口的一种网站。

3.1.1 搜索引擎的起源

搜索引擎起源 1990 年，是由加拿大麦吉尔大学（McGill University）计算机学院里的众多师生开发出来的。当时只是诞生了搜索引擎的模型 Archie，人们开始利用 FTP 来进行数据共享。当时的 Archie 已经有了自主识别并搜集和处理上传至 FTP 上的信息的能力，并能够有效地通过不同 FTP 下的文件信息进行搜集。

但当时的搜索引擎只是一个模型还不完善，如果需要查找，必须要输入精确至百分之百的名称,才能够将查找信息展现出来。这种模式通过不断演变保留了下来,甚至运用到了 SEM 当中,即精确匹配。只有当用户搜索的信息与 SEM 推广的信息完全一致的时候才会展现出来。

Archie 诞生的时候还没有出现 HTML,所以当时只是作为一个模型进行测试,是不能够通过互联网进行数据共享。但是这种模式给予了后人莫大的启发,其工作原理和工作方式也被保留了下来。Archie 当时就已经能够做到自动搜集信息资源,建立索引目录,并展现出来。这种模式与现在的搜索引擎的工作方式是完全一样的。

目前市面上拥有许多类型的搜索引擎,如图 3-1 所示。

图 3-1　搜索引擎类型

3.1.2　搜索引擎的发展

也许现在年轻的 SEO 工作者中很少有人知道雅虎了,但不得不说雅虎的出现带来了搜索引擎的一大变革。可以说雅虎是 20 世纪 90 年代搜索引擎的骄傲,但因为其战略布局的原因,导致雅虎搜索没落,现在的年轻人很多都不知道该搜索引擎了。

其实从 1990 年到 1994 年雅虎出现的这 4 年里,也有一些技术人员在 Archie 基础上进行了再次开发,当然这种开发程度有限,还不足以撼动整个互联网。下面跟着作者一起来了解一下搜索引擎都经过了哪些巨大的变革才走到今天。

1. 字词检索

字词检索的概念最早在 1993 年 2 月被提出。当时的搜索功能也可以说是为了配合当时的网络通信，只能通过网络搜索到相关的文字，而无法展现图片。在 2002 年的时候雅虎被 Verizon 收购之后就没有了字词检索这一功能，而改用了元搜索。

2. 雅虎诞生

雅虎诞生于 1994 年 4 月，可以说我们现在所了解的所有搜索引擎的雏形都来自于雅虎。包括知名的谷歌、百度、360 和搜狗这些搜索引擎的界面都是一个巨大的搜索框，延续至今，都是模仿了雅虎。

雅虎是由美国斯坦福大学的两名博士生创建的。他们发现其实人们需要找寻某个东西的时候，最先想到的就是一个文本框，然后输入相应的文字，点击确认就能展现出相应的内容。于是他们就创立了雅虎，一个简单明了的搜索引擎网站。但是当时的雅虎存在太多的不足，连基本的数据库存储都无法做到，需要大量的人工进行检索。而且随着谷歌的诞生，雅虎并没有做出太大的改变，导致后来永远地留在了历史的记忆里。

3. 谷歌成立

尾随雅虎其后的谷歌，迎来了全球搜索引擎的巅峰，现在的谷歌搜索引擎可以说是搜索引擎界的老大。有人会问：百度呢？百度搜索引擎的定位是全球最大的中文搜索引擎，记住是中文。

谷歌成立于 1998 年 9 月，谷歌搜索引擎的出现，不仅标志着全民互联网时代的来临，更引发了后面的搜索引擎大战。

4. 百度成立

百度的出现加快了当代人对互联网的认识。可以说百度是中国互联网行业的巨头，没有太多的互联网公司能够撼动它的地位。

百度成立于 2000 年 1 月，相对其他互联网行业的大佬，百度其实算是后辈。因为现在的 BAT（B 为百度，A 为阿里，T 为腾讯）巨头，包括各大门户网站的巨头，都是成立于 1998 年，也就是 20 世纪 90 年代末。

2010 年谷歌退出中国地区之后，百度搜索引擎迎来了春天。在短短几年时间里，通过 SEM 的排名机制，将自己打造成全球五百强企业，更成为了我国实至名归的互联网巨头。

5．新里程碑hao123

提到发展史就不得不提 hao123 这个网站。hao123 这个网站的诞生开辟了除了搜索引擎之外新的里程碑。懂一点简单的编程技术的人都知道，hao123 是一个极其简单的网站，任何一个学过 HTML 的人都能做出这样的网站。但就是这样一个简单的网站，也在互联网的历史上留下了重重的一笔。

hao123 导航站的出现让其他互联网公司意识到，原来用户上网的需求很明确，甚至是不需要搜索就能进入某个网站。hao123 将一些知名的网站进行分类、排版、收集。而当时人们对互联网充满了好奇，如此一个简单快捷的网站，只需点击一个链接就能到达自己想要的网站，瞬间引爆了互联网。

在互联网上有许许多多的奇迹发生，但是这些奇迹或许对于我们草根来说都是遥不可及的。但 hao123 的成功，使一个简单到极致的网站成功地在网民心中留下了深刻的印象。

案例 3-1

hao123 网站的创始人是典型的草根出身，当然现在来说已经是成功人士了。hao123 创始人名叫李兴平，1979 年出生于广东省兴宁市，典型的农民家庭出身。李兴平初中毕业之后便回家谋生，20 世纪 90 年代互联网正在国内处于起步阶段，李兴平所在的家乡兴宁市也兴起了一波上网热潮。李兴平虽然对互联网一窍不通，但依旧找了一份网管的工作，并开始钻研互联网。

当时的网管并不像现在的专业网管一样具备一些特定的知识，李兴平遇到问题时也只能在网上通过互联网进行查找。当时的中文网站并不多，主流的搜索引擎依旧是雅虎和谷歌。而且因为查找的数据不同，他所要进入的网站也不同，这些网站都有自己的域名，这些域名记起来却相当复杂。为了解决这个问题，于是他设计了一个个人网页，这个网页的构思就成了 hao123 的雏形。就像我说过的一样，李兴平并不是专业的程序员出身，所以他无法设计出功能多么强大的网站，但就是这样一个简单的网站，成就了他的千万身家。

李兴平建立这个网站的初衷主要是为了方便自己快速找到想要的网站，通过搜集这些网站并将其添加上跳转链接。但是他发现当时许多人都不知道怎么上网，也不知道怎么找到自己想要寻找的内容。而且当时的上网费相当昂贵，对于一般人来说是件较奢侈的事。

这时李兴平想到，自己能够遇到这样的问题，那么别人同样也会遇到。而自己当时仅仅只是整理了自己所需要的网站，这些网站并不代表每个人都需要。于是他开始搜集当时我国上千个有价值的网站，并且进行有效的分类。而这个分类网站的构思，也彻底奠定了 hao123 草根传奇的开始。随后他通过自己做网管的身份，将自己的网站设置为打开浏览器的首页，而仅仅这一个操作就为当时的网吧老板带来了不小的收益。之后李兴平开始不断地宣传自己的网站，加上互联网的传播效应是十分迅速的，由此使他的网站有越来越多的用户访问。后来他开始想办法变现，如通过谷歌的一些广告联盟在网站上放一些广告来收取广告费。

有了一定的广告费之后，李兴平决定给自己的网站取一个名字，而当时的20世纪90年代，SEO这个概念还不广泛，于是李兴平想到了hao123。人们想到的好一般都会是Great，Good或者是Wonderful。但是李兴平并没有想那么多，而是遵从了中国人的观念直接使用了好的全拼，就这样成了中国第一个网址大全hao123之父。

6. 小结

搜索引擎的发展，让我们见识了互联网的强大。与20世纪的互联网业相比，21世纪互联网的发展上了一个新台阶，而搜索引擎也在不断地发展和优化。

3.1.3 搜索引擎的排名规则

搜索引擎像一张巨大的蜘蛛网，里面包含了各种各样的关键词和网站。搜索引擎会使用一种叫做百度蜘蛛的程序存储每个关键词相应的网站。当百度蜘蛛抓取到相应关键词的网站之后，便会开始工作。依据搜索引擎特定的算法，将哪些优秀的网页排在前面，而怎么获取好的排名，这些问题就需要了解搜索引擎的排名规则了，如图3-2所示。通过这些规则，百度搜索引擎将最有效的网页展现在用户面前。

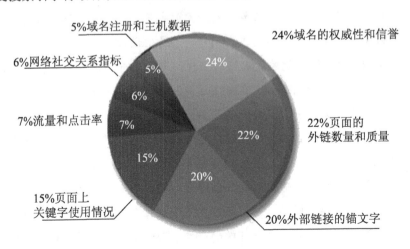

图3-2　搜索引擎排名原理

1. 得分越高排名越靠前

如果将每个网站做得好坏比作一份考卷的话，那搜索引擎就是网站的评分老师。虽然没有一个确定的定义，给出每个网站的评分，但不得不承认，网站是有得分机制的。而且这个得分机制的起源也是谷歌。

公式：GoogleScore = (KW Usage Score * 0.3) + (Domain Strength * 0.25) +(Inbound Link Score * 0.25) + (User Data * 0.1) + (Content QualityScore * 0.1) + (Manual Boosts) – (Automated & Manual Penalties)

翻译：Google 分数=（相关关键词分数×0.3）+（域名权重×0.25）+（外链分数×0.25）+（用户数据×0.1）+（内容质量分数×0.1）+（人工加分）-（自动或人工降分）

而影响一个网站得分标准的因素有：关键词、域名、外链、用户数据、内容质量及人工干预。

2. 关键词得分标准

关键词是所有 SEO 工作者最关心的部分，关键词的热度、流量、排名直接影响着网站的数据。当然我们更应该清楚影响关键词的得分标准是由哪几部分组成的。

title：在常规意义上我们可以理解为比网站关键词更重要，因为搜索引擎匹配到的是关键词的相关度，而网站的 Title 正是相关度的重中之重。

H 标签：是 SEO 中一个比较重要的标签，它的作用是给百度蜘蛛指明哪个关键词更重要，重要程度依据为 h1~h6。

关键词密度：密度是一个标准，我们不能在网站中大量堆积，也不能在网站中一次也不出现，这个密度的标准为 3%~8%。

3. 域名

提到域名大家应该不会陌生，但是许多 SEO 人员认为域名并是那么重要，只要自己容易记住就可以了。但其实从 SEO 优化的角度来看，一个好的域名，存活时间越长，更容易得到搜索引擎的青睐。

我们在注册新域名的时候，除了要选择方便记忆的域名之外，最好先查询一下该域名是否有被 K 站的嫌疑。域名时间越长越好，这并不假，但如果该域名下运行的网站大量违反百度搜索引擎的规则，已经被列入了搜索引擎的黑名单，那么该域名比新域名还要糟糕。

4．外链

曾经有人说过，外链的多少直接决定了网站流量的多少。这句话忽视了运行网站的 SEO 人员的辛苦努力。但如果能找到一个高权重又能发外链的网站，无疑也是很好的。而影响外链好坏的因素往往是根据该外链网站的权重高低、是否添加外链锚文本，以及相关度而决定的。

5．停留时间

停留时间往往以独立 IP 为准，百度搜索引擎不会以搜索的次数为准。例如，我们上网时的计算机上有一个 MAC 地址，搜索引擎记录的就是这个 MAC 地址，也就是独立的 IP 地址。

搜索引擎是无法正常识别人类用户的，它只能根据用户使用的设备的 IP 地址来判断。所以网上经常会出现刷 IP 的软件，为的是制造一个假的数据。但是除了独立的 IP 地址之外，如果一个用户正常访问某个网站，那么一定会停留一段时间，而这个停留时间的平均值也会影响该网站的排名。

6．内容质量与人工处理

"内容为王，外链为皇"的总结迎来了 SEO 又一个巅峰。除去外链就是内容了。内容的质量不仅仅靠原创来决定，一篇毫无意义的原创文章在百度也是没有作用的。所以在提高内容质量的时候，不仅是写一篇原创文章，更要写一篇有价值的原创文章。

人工处理是百度内部人员根据多年的数据分析，最后通过投票决定哪些方法是没有价值而可以舍弃的，哪些方法是有意义可以持续保留的。当然也包括新加入的方法，通过这些方法的确定，对搜索引擎进行不断地优化和改善。

3.1.4 影响搜索引擎排名的因素

一个好的网站是由专业的 SEO 人员或者团队来运行的，他们会思考搜索引擎的变化机制，努力地配合搜索引擎的发展，以保证自己的网站排名能够靠前。当然其中也不乏创意性人才，他们会通过搜集一些热点来博得搜索引擎的好感，在完善网站本身的同时，不断提高自己在搜索引擎中的曝光度。

SEO 人员要明白一点，如果你希望靠网站带来长久性的利益，那么千万不要触碰百度搜索引擎的底线，更不要企图通过不合法的方法谋利。因为搜索引擎随时都有可能发现，而将你的网站封杀。只要按部就班地按照搜索引擎规定的方法对网站进行 SEO 优化,那么网站的排名也保持稳定,甚至上升。

1. 关键词布局

关键词之所以重要,是因为它存在的位置是百度蜘蛛最关注的地方。而一般网站的关键词通常会出现在以下 7 个地方,分别是 title、meta、H1、B、alt、links 和 URL。

当我们进行关键词布局的时候,需要根据不同的地方使用不同的代码,让搜索引擎知道网站的关键词是哪些。

2. 更新频率

一个好的网站是需要维持的,而维持的方法就是日复一日地用心耕耘。不要妄图偷取别人的劳动成果,那样往往会得不偿失。如果网站并不大,只需保证每天更新一到两篇优质的原创文章即可;如果网站足够庞大,就需要大量的编辑进行维护了。

3. URL

URL 是一个隐形的概念,在 SEO 里并不经常被提到。提到 URL 的时候大家一般都会想到程序员,但其实 SEO 人员也需要了解其中的操作,当我们给予某个 URL 网址大量的链接的时候,同样百度蜘蛛也会在该网站下给予更高的位置。

4. 用户体验

用户体验的出现是因为搜索引擎机制的饱和,也就是 SEO 人员经常提到的为了优化而优化。但是为了优化而优化仅仅是满足了搜索引擎的需求,而且搜索引擎是为人类服务的。于是,当搜索引擎觉得满足了内部机制之后,更多的就是为了人类用户体验而考虑了。

一个好的网站,用户体验度越高,其停留的时间也越久,而网站获得的信息就越珍贵,这样的网站就越有价值。

3.2 主流的搜索引擎

搜索引擎按照国际划分的话,一般分为中文搜索引擎和外文搜索引擎。中文搜索引擎主要是针对国内的用户。目前国内主流的搜索引擎有百度搜索引擎、360 搜索引擎和搜狗搜索引擎，以及由阿里巴巴支持的神马搜索引擎。外文搜索引擎针对的是一些外贸公司，它们一般会做一些双语网站，其用户群体多来自国外贸易，主要是以谷歌搜索引擎为主。

3.2.1 搜索引擎和浏览器

作为一名 SEO 从业者，首先要弄清楚搜索引擎的概念。很多人可能分不清什么是搜索引擎，什么是浏览器。一些搜索引擎的公司为了抢占更多的市场，开发了相应的浏览器。

- 搜索引擎：是一个网站，如 www.baidu.com（百度搜索引擎）、www.so.com（360搜索引擎）和 www.sogou.com（搜狗搜索引擎）。
- 浏览器：浏览器是需要下载的，如果我们需要上网，那么就需要通过某种快捷方式的程序与搜索引擎进行连接，而这个连接工具就是浏览器。

通过上面的介绍可以知道，搜索引擎可以理解为一套庞大的程序，而浏览器可以理解为一套可下载的软件。

之所以搜索引擎和浏览器会让人分不清，是因为搜索引擎和浏览器就像一对情侣。当用户使用某个特定的浏览器时，浏览器便可以将自己的搜索引擎设置为用户的默认首页，而不用用户再通过网址访问，大大提高了搜索引擎的访问量。

3.2.2 百度搜索引擎

百度搜索引擎是国内乃至全球最大的中文搜索引擎。虽然目前市面上还存在诸如 360 搜索引擎和搜狗搜索引擎等，但依然无法改变百度一家独大的局面，如图 3-3 所示。百度搜索引擎所占的市场份额已经远超其他多家搜索引擎之和，目前其所占的市场份额为 80.5%。

百度搜索引擎目前提供的服务已经覆盖了各个领域。如音乐搜索、图片搜索、新闻搜索、百度知道、百科和地图等一系列常用的搜索领域。

1. 起源

百度公司成立于 2000 年 1 月，而百度搜索引擎的发布是在 2000 年 8 月。百度最初也是以模仿为准，其大部分的核心数据来源于谷歌，在 2010 年之前谷歌未退出中国市场的时候，百度市场份额低于谷歌。

图 3-3　百度搜索引擎

2．发展

百度作为互联网的新型创业公司，能够发展至今并影响和改变整个国民生活无外乎两个因素，一个是技术前瞻性，另外一个则是实力。

百度在 2000 年 8 月开启了中文搜索引擎的时代。随后从贴吧开始，互联网逐渐形成了以贴吧、论坛、博客和微博为主的四大产品。在短短的 17 年的时间里，通过不断地发展和壮大，成为了中国互联网的龙头企业之一。

3．价值

在没有互联网的时代，大多数的贸易往来都是以比较传统的方式进行。

而 2000 年后互联网时代的来临，人们从开始接触互联网，并逐渐依赖互联网，从互联网中得到自己想要的信息，这也更加方便了贸易往来和经济交往。

3.2.3　360 搜索引擎

在百度和谷歌竞争中国市场的时候，许多创业公司看到了未来的发展方向。于是在 2005 年 9 月奇虎 360 搜索引擎问世，如图 3-4 所示。目前 360 搜索引擎所占的市场份额为 8.83%。

1. 起源

奇虎 360 最开始并不是主攻搜索引擎领域,而是针对计算机病毒的杀毒软件,如 360 安全卫士。由于互联网上的信息复杂多样,因此出现了越来越多的分裂式信息,给计算机及互联网上的信息提取造成了严重的困扰。于是 360 安全卫士作为杀毒软件,而成功地走向了新的领域。

图 3-4　360 搜索引擎

2. 变革更新

360 搜索引擎并不像百度那样从一开始就主攻搜索,而是从各种产品入手。在最开始,360 搜索引擎的流量来源依然是依靠谷歌,谷歌退出中国市场两年之后,360 开始将流量导入到自己的平台,并逐渐成为中国第二大搜索引擎。

2015 年年初,360 搜索引擎想另辟蹊径开创一个全新的 360 品牌,将其命名为好搜。但是结果并不理想,好搜这个品牌没能超越 360 搜索成为新一代的领头羊。于是在过了短短一年时间后,奇虎再次发表声明,回归 360 品牌,并高额购买了一个更加直接的域名 so,这次的变革一直延续至今。

3.2.4　搜狗搜索引擎

搜狗搜索引擎如图 3-5 所示,是目前国内第四大搜索引擎,所占的市场比例份额并不大,仅为 2.50%。搜狗搜索引擎属于四大门户网站之一的搜狐旗下产品,上线时间为 2007 年。

虽然搜狗搜索引擎所占的比例微乎其微,但搜索引擎的市场巨大,能分一杯羹就足够了。在搜索引擎的竞争中,搜狐和腾讯达成了合作协议。了解搜索引擎的 SEO 工作者应该知道，除了搜狗之外，还有一个搜搜的存在。而这个搜搜正是腾讯旗下的搜索引擎，但是由于搜狐和腾讯合作，将搜狗和搜搜合并，腾讯的搜搜就从市场上消失了。

而在这之前也出现过各种搜索引擎，如有道搜索，中搜搜索、天网搜索等。然而搜索引擎在百度一家独大的今天，想要突破重围，正可谓难上加难。

图 3-5　搜狗搜索引擎

3.2.5　神马搜索引擎

神马搜索引擎属于典型的创新搜索引擎，由阿里巴巴支持。当搜索引擎饱和的情况下，移动时代来临了。但是几乎所有的搜索引擎并没有做出太大的改变，如我们现在上网所使用的搜索引擎所获取的资料，都只是根据 PC 端的分流而来。

当时 UC 浏览器已经出现，并开始逐渐占据手机浏览器市场。于是 UC 开始寻求合作伙伴，希望出现一款与手机浏览器相匹配的搜索引擎，这个时候神马搜索诞生了。

神马搜索直接放弃了 PC 端的竞争而转战手机用户，于 2014 年正式上线。所以严格来说，UC 才是神马的创始人。

神马搜索的诞生，也意味着移动互联网时代的来临。

3.3　搜索方式

用户在使用搜索引擎的时候，通常有 3 步：第 1 步打开搜索引擎，第 2 步输入需要查找的信息，第 3 步回车确认。之后由于百度搜索引擎的技术更新，直接将第 3 步的回车确认省掉了,更加方便了用户快速找到想要的信息,这足以证明搜索越简单快捷,获得的用户群体就越多。

当然那只是针对一般的用户,而并非专业人士。学习 SEO 不能只是了解这种简单的操作,而应该深入研究搜索引擎的内在,只有这样才能更好地做好 SEO 优化。下面为大家介绍搜索引擎的专业领域,即那些需要了解的搜索方式。这些搜索方式,都是由主流的搜索引擎细化而来的。

3.3.1 垂直搜索

垂直搜索的概念起源于 2006 年以后的搜索。垂直搜索主要是针对特定的行业进行搜索,如机票、旅游和生活等,类似于现在独立的 APP,针对性很强。

1.愿景

垂直搜索主要是针对某一特定的领域和用户,甚至是某种特定的需求而衍生出来的概念性搜索。虽然许多网站仍然需要通过百度搜索才能增加网站的曝光度,但不可否认的是,这些网站都没有一定的品牌性。而垂直搜索的愿景就是脱离搜索引擎而独立存在,比如淘宝、京东等大型品牌。这种品牌概念已经深入用户的内心,不需要搜索就能快速找到。

2.特点

垂直搜索可以由多个渠道产生,是除了通过百度搜索引擎输入关键词来访问网站之外的搜索行为。垂直搜索只会抓取与行业相关的信息和数据,更加倾向于结构化数据和元数据,并通过得到的结构数据和元数据,进行针对性的展示。

3.垂直网站

由于垂直搜索的诞生,垂直网站也开始逐渐走进人们的视野。区别于四大门户综合性网站,垂直网站更专一,用户群体也更加固定。

四大门户网站的兴起主要源于曾经互联网的不稳定,而人们又急切地希望通过网络找到各种各样的信息。四大门户网站的定位就是,通过全方位的展现,吸取更多的流量,最终通过广告来变现。但是越来越多的垂直网站的出现,导致四大门户网站成为了新闻源的聚集地。

3.3.2 集合式搜索

集合式搜索其实很容易理解，尤其是从 hao123 这种导航站诞生之后，越来越多的类似导航站也如雨后春笋般出现并得到了用户的青睐。而 hao123 导航网站的出现，不仅给用户带来了通过点击就能直接访问的便捷性，更是给用户提供了多样化的选择。正如有些人不喜欢用百度搜索引擎，那么可以在 hao123 上选择喜欢的搜索引擎。

因为 hao123 是一个导航类型的网站，并没有自己的数据做基础，所以 hao123 只能给各大搜索引擎开通一个端口，以获取更多的流量。

集合式搜索只能算是对网站的收集和整理，就像 SEO 一样，我们将其中包含的各种资料整合到一起，方便选择和使用。集合式搜索最大的特点就是，用户可以根据自己的喜好或者经验，快速找到自己想要的资料。

3.3.3 门户搜索

门户搜索其实也是一个概念词，可以大致理解为门户网站开发的搜索引擎。提到门户网站我们首先想到的是腾讯、网易、搜狐和新浪。在这四大门户网站中，腾讯有搜搜，搜狐有搜狗，新浪有爱问，网易则没有参与搜索引擎的市场争夺。

可以看出，门户搜索多半是"半路出家"，自己的产业做得不错的情况下，再参与其他的新型行业。门户搜索引擎依靠的是自己原有的门户网站的引导流量，并没有像百度那样专业主攻搜索引擎。

3.3.4 搜索引擎的负面影响

进入 21 世纪后，搜索引擎的出现将互联网带到了一个全新的高点。搜索引擎的方便快捷加快了信息的透明化和商业利益的最大化。从某些角度来看，这是有百利而无一害的。但是换个角度来看，现在的人们过渡地依赖互联网，也必然会产生负面影响。

1. 不思考

有时我们遇到问题时都会听到一句话："你百度一下，不就知道了吗？"确实，现在很多问题都能在百度上找到答案。但是也不难发现，哪怕我们百度了 N 次，如果自己没有去思考，去探索，去实际操作的话，那我们相当于一个机器一样去重复着别人的知识，并不会给自己带来太大提升。

互联网发展的时间并不长，"80后"和"90后"的人都是在摸索中实践的，但是对于"00后"乃至"10后"的人，可以说是在互联网的陪伴下长大的，当必要的思考和实践变成了"百度一下"的时候，带来的影响可想而知了。

2．不创新

或许有人会问，如果没有创新的话，那社会怎么发展到现在的程度呢？这个问题问得非常好。因为创新往往是一些专业人士在努力，而和自己不相关。

互联网上的信息在不断更新。从专业的领域来说，公布出来的信息都视为过时的信息。我们通过互联网不断地查找自己想要的知识，然后思维会一天天变得僵硬，几乎不去思考，而完全被互联网所替代。所以当我们越来越依赖于互联网带来的便利时，其实失去的东西也很多。

3．小结

互联网和搜索引擎永远只是一套工具，我们只需要从中获取自己想要的知识，而不能因为互联网带来的便利使我们变得懒惰，不思考，不创新，甚至是不健康。

3.4 搜索引擎的喜好

年轻人在追求心仪的对象时会迎合对方的喜好去做事，做SEO同样也是如此。搜索引擎是我们所追求的对象，希望我们所做的事，都能展示在搜索引擎的首页，而SEO就是我们所使用的方法。

对象喜欢什么，我们就努力创造什么。那么搜索引擎喜欢什么呢？

答案可以总结为以下6大类：有规律的树形结构、漂亮的首页、内链锚文本的搭建、有意义的原创文章、压缩网站大小和拒绝收录的robots文件。

3.4.1 网站常见的结构图

网站在搜索引擎的收录信息都来源于Spider（百度蜘蛛），它就像一个监督者，每天会来我们的网站进行检查。检查网站是否符合它的"胃口"，有没有经常进行网站的更新。

当然还有最重要的一点，就像人们有时会迷路，Spider 也会"迷路"，所以我们要让它能够顺利地找到网站的所有页面，而不会"迷路"。如果一个网站结构长期处于一种混乱的状态，那么 Spider 就不会来了，我们这个网站也就基本废了。

为了解决这个问题，百度给出了最直接的定义，那就是网站需要有一定的结构。

1. 物理结构的优化

什么是物理结构？

常见的物理机构有两种，一种是最常用的树形结构图，如图 3-6 所示；另一种是扁平式结构图，如图 3-7 所示。

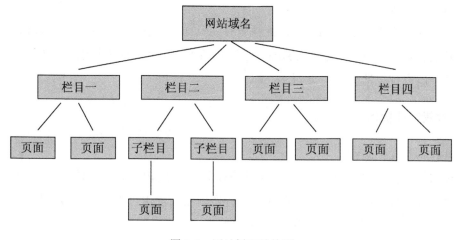

图 3-6　网站树形结构图

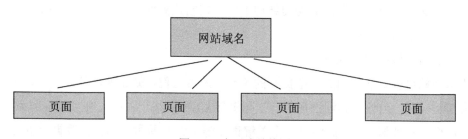

图 3-7　扁平式结构图

通过图 3-6 可以清楚地看到，网站的结构是一层对一层，可以有 3～4 层甚至更多的层级，这种就是树形结构图。而这种结构图一般针对大中型网站会更好，因为更加方便管理。这种树形结构图的模式一般为：

- http://www.xxx.com/a.html（只用于首页）；

- http://www.xxx.com/a/a.html（只用于一级栏目页下的文章）；
- http://www.xxx.com/a/a/a.html（只用于二级栏目页下的文章）。

可以有 N 个层级。

这种方式的优点在于，可以方便管理，让人觉得赏心悦目，也容易记住上一层是什么；缺点在于优化起来需要长时间的积累，需要一层一层地让搜索引擎收录，并逐渐取得排名。

扁平式结构更直接，是直接将所有的页面都放在和首页同级目录下，用网络术语来说就是根目录下。所有的页面均是：

http://www.xxx.com/a.html（用于任何页面）

只有一个层级。

这种方式的优点在于 Spider 一次抓住所有的页面，而不需要一层一层地去抓取。但是相对的缺点就是，它很容易迷惑 Spider，无法判断主次关系。因为搜索引擎和人一样，都喜欢一层一层有规律地去抓取页面。

2．逻辑结构优化

（1）什么是逻辑结构

物理结构是根据眼观来判断的一种结构图，而逻辑结构是另外一种，可以看做网站内部链接的模式。根据层级环环相扣形成的一种逻辑结构，也可以叫做链接结构。

（2）物理结构和逻辑结构两者之间的区别

逻辑结构可以理解为网站主页添加超链接 URL 地址的指向，这中间并不是合集 FTP 上所创建的文件夹目录层级；而物理结构主要的判断依据就是一层文件夹下的 HTML 或者 N 层下的 HTML 静态文件等。

（3）逻辑结构的深层理解

逻辑结构可以对应前面文章中提到的关键词所占比例，如品牌词某某医院，这个比例一般为 3%～8%。当该品牌词添加了一次超链接 URL 到某个页面，则可以理解为深度 1。也可以通俗一点理解，A 页面中有一个关键词 a 链接到 B 页面，那么在逻辑上也可以理解为深度 1。

（4）逻辑结构中的两种形式

树形结构：树形结构可以理解为深度不一的网页，因为有很多层级，每个页面都有不同的词或者相同的词链接到一个页面或者多个页面。那么这其中的深度关系就是不一样的，出现一次为 1，出现多次就可以理解为 $N+1$ 了，那么这个 $N+1$ 肯定是大于 1 的。搜索引擎在评判我们的网站时，也会更倾向于 N+1 的这个页面。

扁平式结构：扁平式结构相对树形结构就容易理解多了。因为扁平式结构只有一个层级，而这个层级对搜索引擎带来的价值都是一样的，即用扁平式结构打造的网站，其深度都为 1。

3. 小结

对于网络而言，大多数都使用的是树形结构，因为其条理清晰，也方便管理。再加上网站内部优化是一件长期的事，搜索引擎并不会因为你使用了扁平式结构，将所有的页面都放在根目录下，就会更青睐你的网站。所以我们在做网站的时候，还是应该更倾向于树形结构。

3.4.2 爷父子，首页最重要

我们可以按照人类的层级关系来理解网站，可以将一个网站形象地比喻为爷爷、父亲和儿子的关系。那么我们可以试想一下，在一个家庭中，地位最高的自然就是爷爷了。

1. 什么是爷？

"爷"在网站里的定义就是首页，而首页是网站的根本。我们经常会发现，当搜索某个关键词或者品牌词的时候，优先展示的都是首页。当然，如果出现了其他网站的栏目页或内容页的时候，那说明其他网站的栏目页或内容页的权重大于排在其后的网站首页。

当然这种是以全网为定义，而当我们以自己网站为判断标准的时候，首页永远是最重要的，这个首页就是我们输入自己的域名进入的页面，如 http://www.xxx.com。有些网站因为没有设置相应的默认首页，或许会出现如 http://www.xxx.com/index.html（index.php/index.asp/index.jsp/default.html）等，都是一个首页的意思。

首页通常来说由三部分组成，第一部分是头部也就是（header+banner），第二部分是各个父级栏目下的文章标题，第三部分就是 footer（底部）的一些相关信息，包括联系方式及版权备案等信息。

首页的表现在以下几点。

① 展示：首页是将整个网站的概要展现给用户，用户通过首页就可以看到我们是做什么的，用户能通过我们的网站得到什么，以及下一步能去哪些栏目进行具体了解。

② 引导：用户进入网站并不是为了看首页，首页是一个入口。用户真正想要的是通

过首页进入能解决问题的文章页,也可以说是内容页。

③ 流量:因为有了网站导航,因此我们会根据网站的定位,将一些比较重要的关键词放在首页,以便加深流量的导入。

④ 可信度:现在已经是 4G+WiFi 的网络时代,所以越来越多的网站开始利用图片+视频的展示方式,因为相对文字来说,图片和视频的可信度会更高一些,也能让用户更清楚一些。

当然首页的重要性还包括公司的 Logo 展示(企业标志)、联系方式(客户入口)、备案信息(此网站是否正规备案)等。

2. 什么是父?

"父"在网站里的定义就是栏目页,也可以是如图 3-8 所示的导航栏。当我们用鼠标单击除了网站首页之外的文字时,就会跳到对应的页面网址,通常显示为 http://www.xxx.com/a 或者 http://www.xxx.com/a/index.html 的形式,用专业术语可以理解为栏目页。

图 3-8 导航栏

3. 什么是子?

根据以上的介绍,我们应该了解了网站由三大部分组成:首页、栏目页和内容页。而通常来说,"子"就是内容页。

这其中,子的重要性相对来说要高于父,因为父级栏目只是一个衔接的入口。往往父级栏目页也叫做列表页,列表页只是将内页的标题整合到一起。用户在父级栏目页的停留时间也不会很长,而子也就是内页才是一个网站转化的根本。

4. 爷、父、子之间的关系

"爷"可以快速地进入到父级栏目列表页或者子级栏目内容页,"爷"的网址展示永远是网站的域名,只有一个"爷"。

父级栏目可以返回首页,也可以进入到子级栏目内容页,处于一种衔接的流程。父级栏目可以有多个,具体根据网站的定位而定。

子级栏目也就是内容页,它的重要性往往是通过文字、图片及详情视频来为用户解决问题。同一内容页也可以有多个,并紧跟着不同的父级栏目。

3.4.3 内链锚文本的搭建

1. 什么是内链?

内链指的是同一个网站下,内容页之间的相互链接。例如,当某篇文章当中在讲述某个产品的时候,会提到该产品有什么功能,而这种功能并没有在这里详细介绍。所以我们会在该功能词上添加一个内链,将用户引导到介绍该功能的详细页面,这种情况下称之为内链。

2. 什么是锚文本?

很多人容易将锚文本(如图 3-9 所示)和内链理解成一个意思,但其实并不是。内链可以是锚文本的一种形式,但并不是锚文本的所有形式。简单地说就是锚文本包含内链,而内链是锚文本的一个分支。

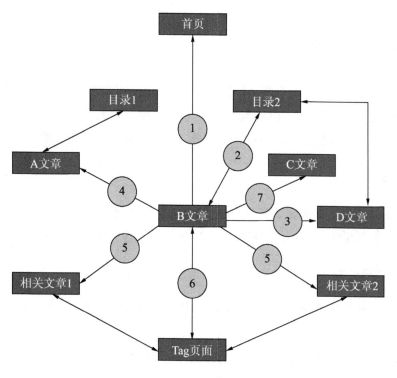

图 3-9 站内锚文本

锚文本更倾向于关键词的定位,而内链却不是。所有的内部链接都可以叫内链,但并不能叫锚文本。

锚文本往往分为内部锚文本,如某某医院,当这个词多次链接到某个页面的时候,这个页面相对搜索引擎来说会比较看重。

3. 如何搭建正确的内链锚文本?

现在 SEO 技术日新月异,而后又引进了一条用户体验的概念。所以当我们在搭建内链锚文本的时候,不仅要让搜索引擎明白,更多的是要让用户也明白。

锚文本切忌不要在导航栏出现,因为导航栏是父级栏目,而父级栏目只是一个衔接口,我们更多的是要将锚文本应用在网站的内容页中。

一篇文章不要过分地堆积关键词,这是很多新手常犯的一个错误,他们认为只要关键词出现的次数越多,那么搜索引擎就会越喜欢。其实并不是这样的,任何事都需要把握好一个度,并不是关键词添加的锚文本越多越好。

通常我们在一篇文章中堆积 3~5 个关键词是最好的,开头一个,正文中 2~3 个,结尾 1 个,并在该关键词上使用加粗、飘红等样式,这样也能很好地引起搜索引擎的重视。

3.4.4 原创文章的重要性

在前几年,百度算法并没有那么严格的时候,还可以依靠大量的转载采集及伪原创来蒙混过关。但是百度在发展,SEO 同样也是。现在百度开始大量打压采集过度,以及靠伪原创来堆积的网站,降权、不收录等处理结果,都会给网站带来莫大的影响。

1. 采集的败笔

有些新手站长为了能快速让自己的网站看上去充实,利用网上的一些 CMS 系统自带的采集功能,大量采集其他网站上的文章,但这种站点往往都是白费力。

2. 伪原创已过时

伪原创在前几年还算流行,因为搜索引擎的算法没有那么精确,但是搜索引擎优化之后,就很容易判断一篇文章是否为伪原创了。

伪原创最开始是修改其中 30%的内容,如修改文章的开头和结尾,然后更改同义词、相近的词、短语,以及替换掉重要的词等。

3. 原创内容才是王道

首先原创是必要的，当然，文章的结构必须清晰，如果乱写，别说用户看不懂，搜索引擎也看不懂了。

对于高质量的原创文章来说，是一个网站最好的营养液。因为原创的作品表达出来的时候，不仅能让搜索引擎喜欢，而且可以吸引更多的用户停留时间，而这个停留时间正好是判断网站质量好坏的标准。

4. 坚持原创带来的好处

- 高质量的原创文章是提高用户体验的良药；
- 高质量的原创文章是百度搜索快照稳定的基础；
- 坚持创造高质量的原创文章，会逐渐给网站带来高权重、高排名。

现在人们经常会刷手机，如果我们大量转载别人的文章，尤其是用户在其他网站上已经看过了的时候，用户就不会再重复到你的网站上再看一次，除非这篇文章真的很经典。

所以转载和伪原创都是一些投机取巧的办法，我们做 SEO，不仅仅是为了迎合搜索引擎，更多的是为了网站的用户体验。

案例 3-2

自媒体对于现在无论是从事网络还是非网络的写手来说，都提供了一个很好的便利渠道。自媒体的出现提出了一个可行性的观念：只要你能写一手好的原创文章，那么就能够从中获利。而作者本人也是从 2013 年开始写原创文章，并通过搭建网站快速提高网站权重的。

2013 年作者开始创业，并通过实名倪涛和笔名"断腿奔跑的猪"在网络上开始陆续发表文章。作者将网站分为四个板块，每个板块都通过原创文章的形式发表。板块分为：创业之路，创业项目，实操经历及读者来稿。通过对搜索引擎的了解，加上每天的原创文章更新和引流，慢慢地网站权重也做到了 4 以上，流量的增加自然也带来了不小的收益。

作者通过写原创文章到开始授课，分享自己的创业经历，期间结识了一些志同道合的朋友，并通过这些人脉关系，拓展业务达到了快速变现的目的。

3.4.5 空间的稳定性

当我们每天像一只小蜜蜂辛勤地为了 SEO 而努力的时候，最担心的就是突然之间网站打不开了。网站如果打不开不仅仅是短时间无法访问的问题，严重的将会导致网站权重下降。而决定网站是否能够持续性正常访问的因素，就是我们所购买的空间是否足够稳定。

因为每个空间商的空间是不一样的，这就导致了有些空间稳定、高效，而有些空间就会时不时地出现宕机等情况。所以当我们在购买空间的时候，一定要仔细询问客服人员，空间是否足够稳定。除了在购买空间的时候询问之外，SEO 人员还必须具备识别空间稳定性的能力。下面为大家介绍两种识别空间是否稳定的方法。

1．DOS命令识别

DOS 命令是网站管理员经常用到的一种代码语句，通过 DOS 命令可以快速判断网站的一些基本信息及 IP 情况。

操作方法：单击"开始"按钮，在搜索框中输入 CMD，进入 DOS 操作界面。输入：ping（IP 地址），接下来会反馈如图 3-10 所示，返回时间如果出现超时等异常情况，就说明该 IP 地址下的空间商不稳定。

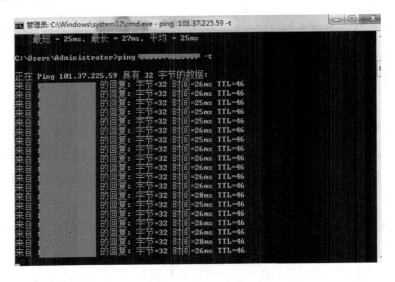

图 3-10　DOS 命令

2．站长工具测速

第一种方法仅仅是对自己的计算机或者该计算机上的 IP 地址进行访问的速度。要明白我们的网站是面向全国的，所以必须要保证每个地方的用户访问我们的网站时都必须是正常并且快速的。

这个时候我们就需要通过一些第三方的测试工具来保证所有区域的用户都能正常访问。一般来说，常规测试的空间是不会超过 100 毫秒的，如果在我们进行测试的时候出现多个超时现象，那么就要仔细斟酌和考虑了。

任何测试得出的数据都只是一时的，所以作为一名合格的 SEO 人员，在购买空间之前，可以花一些时间进行不同时段的测试，来确保空间足够稳定。

案例 3-3

2015 年的一天，一位朋友突然找到我，说他的网站被降权了，前一天权重还处在 2 阶段，第二天却突然降到了 0。遇到这个情况，我马上问了他几个核心的问题：一，网站有没有突然改版；二，网站有没有突然更改关键词；三，网站是否会经常出现打不开的情况？朋友告诉我，没有改版也没有更改关键词，倒是网站经常打不开。

经过大致的交流和了解，我很快得出结论：因为网站经常打不开，因而导致朋友用心经营了一年左右的网站被降权。目前市面上有许多各种不同的空间商，而且由于国内的空间相对来说比较贵，所以这些代理商也会代理一些比较便宜的服务器，这就导致了网站经常打不开的现象。

有的朋友在买空间的时候经常会购买一些国外的空间，因为价格便宜。但是正所谓一分钱一分货，不得不说有些国外的空间很不稳定，因为访问者几乎都在国内，而国外的空间因为各种线路问题，会出现服务器宕机，网站打不开也是常见现象。

后来我建议朋友将之前的空间丢弃，并购买了国内相对稳定的空间，最后将网站的整体源码搬到了最新的稳定的空间上。之后又让他将网站的详细情况反馈给百度后台，因为朋友的网站都是用心经营的原创网站，所以没过两个星期，网站的排名也回来了，权重也上去了。

一个空间的好坏就像一间开放的房子，我们通过 SEO 技术希望更多的用户来观赏我们的房子，而如果我们的房子经常出现打不开的情况，这无疑是最大的损失。

3.5 SEO 常用命令

在前面了解了搜索引擎的发展和相关规则之后，我们就开始真正了解 SEO 了。相对一般用户而言，他们只需要了解搜索词就可以了。但是作为 SEO 人员就必须要了解一些常用的命令，通过这些命令结合搜索引擎，我们才能更好地分析自己的网站的优势和不足，也可以对竞争对手进行分析,从而学习并超越。搜索引擎的命令有很多,逐个介绍将会浪费时间,所以在这里只会讲到一些常用的命令。只要大家能够学会如何使用这些命令,将会大大提高做 SEO 的工作效率。

在这里为大家介绍 4 种 SEO 的常见命令,分别是 site 命令、info 命令、domain 命令和 intitle 命令。

3.5.1 site 命令

site 命令是所有 SEO 中最常见的,它的主要作用是可以将任何一个被网站收录的页面一次性全部展示出来。这样可以让我们清楚地知道网站收录了多少个页面。但这个页面的数量是每天都会改变的。如果每天通过 site 命令发现自己的网站收录在增加,对我们来说也可以给予很大的鼓励;如果出现了收录减少的现象,那我们就可以更快地去排查网站的问题所在。

1. 格式

site 命令一般出现两种格式,一种是查询网址,另外一种是查询关键词。

在这里需要注意的是,如果顶级域名下包含多个子域名,那么 site 网站的收录数是有区别的。如果是 site:xxx.com 顶级域名,那么就会在搜索界面中展现所有的顶级域名下的收录页面;如果是 site:aa.xxx.com,那么只会在搜索界面展现该二级域名下的所有页面。

2. 注意

因为语法不同,会出现中文字符和英文字符的区别。但是在搜索引擎中,所有的语法都遵循国际规则,也就是英文字符。也就是说,site 后跟随的冒号(:),一定是英文字符。

我们在访问网站的时候都会出现 http://,这个 http:// 的意思是超文本传输协议,也是一种规则,而这种规则和我们所了解的域名是没有关系的。只是因为所有的互联网网站都必须遵守这个协议,才会导致 http:// 的出现。当然我们在使用 site 命令的时候,是不需要遵守该协议的。

3. 其他

site 命令不仅仅是针对独立的域名,还可以精确到域名下的子目录,如图 3-11 所示。

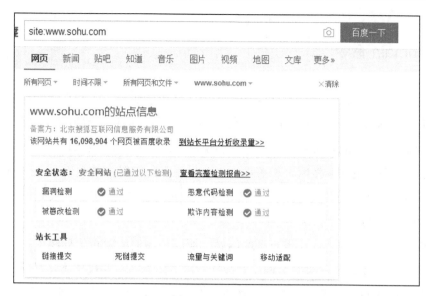

图 3-11　site 命令

3.5.2　info 命令

site 命令只能查询被相关搜索引擎收录的页面，而我们不仅仅要知道收录页面，更要清楚地知道最近的缓存页面、相似网页、站点链接，以及网站的内部链接、包含域名等。这个时候就要用 info 命令了。例如，info:www.xxx.com，这样就能快速查找到需要查询的信息了，如图 3-12 所示。

图 3-12　info 命令

3.5.3 domain 命令

domain 命令是在 SEO 当中除了 site 命令第二常用的命令，主要是针对外链和反链的查询。例如，当 SEO 人员在某个第三方网站上发布了相关信息并留下了主网站的域名时，那么这个时候通过 domain 命令就能很好地展现出来，如图 3-13 所示。

domain 更多的说法叫做网页相关域，也可以说是外部链接的展现。百度的这个命令在根本意义上还是延用了谷歌搜索引擎的定义，只是为了方便 SEO 人员查询有多少带有站点域名的网页被收录。

domain 命令主要适用于权重更高的网站，原因是我们所发布的外链更多的是文章，一般是处于第三方平台的三级甚至四、五级文章页。如果网站的权重不是足够高的话，那么搜索引擎是很难进行深度收录的，这样我们发布的外链也没有任何意义了。

图 3-13 domain 命令

3.5.4 intitle 命令

如果大家不理解 intitle 的话，可以拆分去理解，in 可以表示进入的意思，而 title 表示标题的意思。那么 intitle 的意思就可以理解为展现带有标题的数据。intitle 命令也是 SEO 经常用到的一个命令，主要用途是帮助 SEO 工作者查询有哪些网站的标题带有特定的关键词，方便进行对手分析。

intitle 命令在搜索引擎中可以很有效地找到竞争对手，因为对于搜索引擎而言，优先展现的永远是标题，只要标题中带有相应的关键词，那就说明该网站对该关键词进行了重点优化，如图 3-14 所示。相反，如果在网站标题中并没有展现该关键词，而只是出现在了网站的文章中，那么说明该网站的重心未必是这个关键词，也可以说优化做的并不好。

其实在 SEO 中还有多个命令，只不过有的命令就像鸡肋一样使用的频率并不高，也就没有那么重要了。

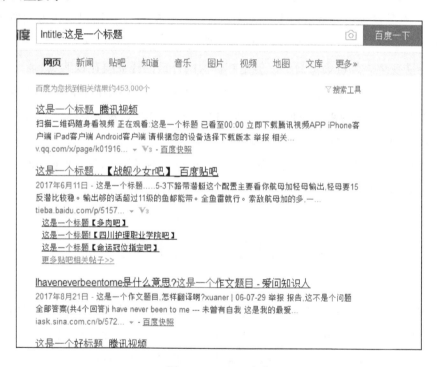

图 3-14　intitle 命令

第 4 章　站内优化的关键细节

在讲解本章站内优化内容之前，希望大家摆正一个观念：做 SEO 需要通过长期的积累和坚持，逐渐在搜索引擎中提升排名，最后保证通过网站带来持续而稳定的利益。因为做 SEO 相比发外链来说要复杂得多，这就导致一部分 SEO 新手错误地认为发外链比做站内优化更加有意义。其实并不是这样，因为免费而有效的外链越来越少，所有有价值的网站都在想办法变现。外链确实简单，但是有价值的外链同样需要花钱购买。

那么问题就来了：花钱就有排名，不花钱就没有排名。不如花时间长期积累，获得永久排名。作为 SEO 学习者，我们应该更加清楚自己有什么，没有什么。当我们弄清楚这个问题之后，做好 SEO 站内优化的心就会更加坚定了。

站内优化，顾名思义就是网站内部的优化，通过学习网站内部优化可以很快地了解站内优化的重要性、技巧、相应的细节，以及注意要点。

4.1　站内优化的重要性

站内优化可以说是 SEO 所有知识点里最重要的一个知识点，站内优化好坏直接决定着未来搜索引擎的排名，更决定了用户体验的好坏。一个网站的站内优化做得好，可以直接带来二次访问。例如爱学习的人在某个网站上发现这个网站的知识点都不错，于是会将其加入收藏夹，这样大大提高了网站与用户的粘连度（如图 4-1 所示）。

我们都知道百度蜘蛛是一套自动化的程序，而程序能够识别的不是像用户看到的（文字、图片和视频）。百度蜘蛛是程序，那么它所能读懂的也就只能是相应的代码。如果说一个网站是通过大量的复制、粘贴做成的，那代码肯定是"不干净"的，也就是说当百度蜘蛛识别到重复的代码的时候，说明这个网站的优化做得相当差了。

在第 3 章中说过，一个网站最重要的是首页，首页的权重是最高的。一个网站就相当于一个家庭，首页的权重提高之后，慢慢就会将权重分给一些子目录甚至是文章页。这就是我们经常看到自己首页的排名没有其他网站文章页排名好的原因。因为其他网站文章页的权重高过了我们首页的权重，那自然地我们的首页也无法获得好的排名了。

通过以上的讲解，相信大家都清楚了站内优化的重要性了。

图 4-1　站内优化

4.1.1　提高网站的粘黏性

说到网站的粘黏性，想必大家都知道，粘黏性越高的网站，流量自然就越大。而体现网站粘黏性的方法一般有两种，一种是依靠浏览器里的收藏夹和书签功能，另外一种则是直接记住网址。我们做 SEO 不仅仅是为了获取好的排名，更多的是通过站内优化留住一定的用户。如果每天都只是依靠排名带来用户的话，那无疑是毫无粘黏性的网站，也是没有价值的网站。

如果网站做得足够优秀，那么必然会吸引一定量的忠实粉丝。而这些忠实的粉丝就成为了我们网站每天的固定流量。那么怎样才能提高网站对用户的粘黏性呢？

1. 华、实结合

一个网站首先的切入点一定要美观，当用户第一次访问我们的网站时，会对网站的整体模板和结构进行大致的了解，这其中包括网站的布局及图片的美化程度。所以现在的网站对美工的要求也特别高。一个好的美工设计出来的网站，往往能带来不少的转化。

除了美丽的外观之外，就是网站所展现的价值。用户上网的目的其实是比较明确的，大多数是为了搜索问题的答案，所以当我们针对用户的问题时，内容必须写得足够完善，不需要太烦琐和复杂，但必须容易让人理解。一个网站只有做到美观与实用相结合，才能更加有效地留住用户，提高网站的粘黏性。

2. 差异化

现在的互联网不比曾经的互联网，互联网上的许多网站都是相同且类似的。在我们所运营的网站没有足够多的流量和排名的前提下，千万不能图省事而抄袭别人的网站，而是要通过自己的理解，进行整理和搜集。互联网上曾经流行过这样一句话：天下网站一大抄。现在这种说法已经逐渐行不通了，并且正面临着被淘汰的风险。

要想提高自己的网站和用户之间的粘黏性，就需要有开拓和创新的精神。努力地为自己打造一个差异化的网站，突出自己网站的特点，并不断地创造价值，这样用户会觉得又是一种创新，久而久之就会产生依赖性。

3. 互动与会员

一个独立运营的网站是没有太大发展空间的，就像一处没有任何吸引力的博物馆，永远只有馆主一个人在运营、欣赏，既使有外人来参观，都没有任何评价的入口。所以现在越来越多的网站加入了互动的功能，这种功能往往体现在评论上；还有一种方式就是会员注册，但是这种方式相对来说做起来更难，一个人经营起来较困难，像那种庞大的论坛，就需要有一群人去用心地运营。

我们可以从很多大型网站中看到许多互动和会员注册的功能。而这些有效的用户，如果持续性地活跃在网站上，那么网站在他们心中就会埋下一个种子，这颗种子会慢慢发芽，最终会成为我们网站最强有力的宣传助手。

案例 4-1

使用注册会员的方式一般统称为会员制营销案例，但是这种案例因为涉及众多的用户群体，所以一般不推荐新手尝试。笔者在这里介绍两种类型的会员制营销的成功案例，一种是花时间积累之后进行转化，另外一种则是花钱进行营销。

第一种花时间模式：正所谓无利不起早，注册会员的用户也是这样，如果你的网站不具备一定的价值和影响力，用户是不会花时间注册的。笔者从 2013 年初开始写文章至今已有数百万字，逐渐转型为自媒体，目前为止"今日头条"阅读量超千万，"搜狐自媒体"阅读量超千万，"百家号""一点资讯""简书"等平台的阅读量也达到了数十万，而微信公众号的关注量也有几万。在坚持了三年多时间之后，作者开始进行转化导入到自己的个人网站，并开启会员制度。

这就是典型的草根自媒体模式，这种模式和 SEO 一样，不需要花太多的钱就能取得成功。但是需要花费大量的时间去积累，通过自媒体的方式来"吸粉"。这种模式也验证了互联网上的那句话：得"粉丝"者得天下。通过长时间的积累，必然会有一群拥护你的读者和"粉丝"，而这些正是网站注册会员的来源。

第二种花钱模式：这种模式只存在于某种希望快速获取用户信息的网站。他们往往会通过一场或多场活动对公司进行宣传，并以小礼物或者优惠等方式吸引用户的注意。但要求就是需要用户在自己的网站上注册为会员，而且会提醒用户每天到网站签到还会送积分，积分也能换取礼品。当然，现在更多的则是扫描公司二维码关注其微信公众号即可。

使用会员制营销的成功案例并不多见，而目前成功的案例一般都是一些知名的网站。会员的注册量仅仅只是衡量一个网站的基本，如果这些会员并不活跃，那也就毫无意义了。

4.1.2 重点优化关键词

一个网站内最重要的部分是什么？毫无疑问就是网站的关键词了。网站的关键词优化得好坏，直接影响网站的排名和流量，而网站的排名和流量又会直接影响到客户的转化，影响网站的利益。所以当作为一名 SEO 人员，拿到一个项目并制作好网站，定义好网站的关键词之后，后续的所有工作都是围绕网站的关键词而做的。只有优化网站的关键词，才能决定一个网站的价值。

1. 原因

搜索引擎之所以叫搜索引擎，是因为"搜索"这个词，而引擎就好比发动机一样，是带动搜索的一个工具。既然有了搜索这一方法和引擎这一工具，剩下的自然就是需要搜索的数据了，而这个数据也是我们网站的关键词，如图 4-2 所示。

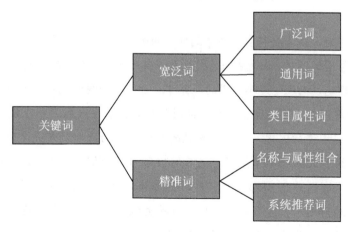

图 4-2　关键词

之所以要重点优化网站的关键词，是因为很多用户都是依靠搜索引擎来到我们的网站的。当然这中间也包含各种专业人士，不需要搜索引擎，直接来到我们的网站，只是这种类型的人特别少。而且这种依靠网络盈利的人，也不是我们的目标对象。

2．好处

如果说优化网站关键词的好处的话，那是非常多的。但是如果提到其中最重要的一点，我想也是所有老板最关心的一点，那就是省钱。长期对网站关键词进行优化，来获取百度等搜索引擎的排名，流量自然不用说，而有了流量自然就会有成交的机会。

这里可能有人会问，这哪里省钱呢？问这个问题的可能不是从事互联网工作的人员，也或许刚接触互联网的初学者。百度之所以挣钱，就是因为其搜索引擎的巨大流量，也因此百度以 SEM 为核心的竞价广告费为原则，来截取自然排名的流量。

如果我们将一些关键词都优化到了搜索引擎的首页，那么这种不需要花钱而获取的自然流量，与其他竞争对手通过花钱来获取的竞价流量相比，是节省了一大笔开销的。

案例 4-2　新手优化关键词

我的一个朋友张某，他和我一样也是程序员出身，但是他却对 SEO 一窍不通。但是他通过三个月的努力学习，终于将自己网站的核心关键词优化到了首页。因为这位朋友是新手，所以我们不能用一个专业的 SEO 人员的角度去看，而是从中找寻合适的方法并学习。

张某曾经是一个典型的网站程序员，由于看到我从程序员到 SEO 一步步的改变，或许是受到了影响便开始学习 SEO。最初他也是什么都不懂，对于一个没有一点基础的学生来说，教起来是非常困难的。于是我推荐他去看一些 SEO 类的书籍，以及到一些研究 SEO 的网站进行初步学习。学习永远是枯燥无味的，幸好张某是一个踏实的学习者，并没有因为三分热度而放弃。

要想将知识学好，就需要将自己所学到的东西运用起来。学习了一个月之后，他找到我并告诉我他现在学得还不错。但是我很清楚这也许是一种自我膨胀的心态，于是对他说："你现在学的都只是理论，而理论是不实用的，你可以自己做个网站试着优化一个关键词。"

后来在我的建议下，他搭建了一个产品类型的网站，并选取了一个没有指数但也具备一定竞争力的关键词进行优化。他在做网站的时候，因为选取的都是 CMS 程序，于是他在一开始便将多余的冗余代码清除了，之后写好了网站的标题、关键词及描述。然后为网站增加内容，因为有了一点 SEO 基础，所以他选择的内容都是与网站关键词相关的内容。将网站关键词布局好之后，各个基础的代码标签也做了相应的优化。他的这些操作不得不说已经开始入门了，并优于一些初级的 SEO 人员。

一周之后，他的网站首页被收录，半个月之后该网站的其他内页开始被收录。虽然收录的数量并不多，但是这些成果对于一个新手来说已经得到满足了。随后他开始在增加网站内容的同时，增加一些外链。最开始因为他不懂外链的建设，也不懂如何区分外链的好坏，所以做的外链数量也是有限的。就这样他只能通过论坛顶贴的模式来发布外链，可是发布了一个礼拜之后也没有任何效果。于是他又开始询问我，怎么做才能让网站有排名。

我告诉他："仅靠这样的几个外链发布是没有什么作用的，我推荐你一些更多的方法、比如书签、分类信息网、博客、自媒体平台等。你要在这些能添加外链的地方尽量留下跳转链接，不能留下跳转链接的尽量留下核心关键词和目标网址。这样，无论是搜索引擎还是用户，就都能更快地通过外链找到你的网站了。"并且我又给他讲了些如何通过权重的高低来判断外链平台的好坏，以及怎样才能选择一些更好的外链平台等知识。

就这样，他的外链渠道又多了起来，于是他开始采用我的方法，并且不断地发布外链。半个月之后，引流带来了效果，他的网站的关键词有了排名，并且排到了搜索引擎的前10页。于是他开始拼命地做外链。虽然外链做得越来越多了，但是排名却没有上升，甚至本该有的排名都没有了。他又开始慌了，开始问我是什么情况。

我告诉他："出现这种情况无非3种，第一种是搜索引擎更新，如果是这种情况的话，没几天网站的排名就会回来了；第二种是网站被K站了；第三种则是对手超越了你的网站。"后来我仔细研究了他的网站，发现原来他的网站被降权了，如果不及时拯救，那就会导致K站，那时候就悔之晚矣了。后来我问他："你是不是发了很多外链，并且网站文章也是不定期更新了。他回答我说："是啊，每天就是疯狂地发外链，网站文章有的时候一天更新五六篇，有的时候好几天不更新。"我说："你这样是不行的，优化是不能急的，需要一步步地来，每天定一个小目标，并且持之以恒地做下去。另外，你需要不断地学习对手的网站，看看他们的网站为什么能够排到前面。"

经过我的提醒，他终于发现原来做SEO还有这么多逻辑，不是单单靠每天发文章就能成功的，还需要不断地改善和学习。在得到我的指点之后，他开始坚持每天更新两篇文章，做十到二十个有效的外链。而且每天会查看自己的网站排名变化情况。这样坚持了两个星期，百度搜索引擎的一次大更新后他发现自己的关键词居然做到了首页，虽然还不是第一位，但是也让他非常高兴。就这样他更有信心坚持学习SEO了，并且现在通过网站已经开始慢慢获利了。

其实做优化和爬山是一个道理，我们不要一次就将目标定在山顶。可以将其定在某个核心位置，而我这位朋友就是找准了核心的位置，并且一步步地往上攀登，最后取得了不错的成绩。

4.1.3 长尾相关流量

网站的优化不仅可以为核心关键词带来流量,相对网站而言,会因为网站权重的慢慢提高对一些长尾词也能带来不小的流量。其实我们不难发现,那些搜索核心关键词的用户所占目标用户的比例,远远小于长尾关键词带来的流量比例。真正的核心用户,恰恰是那些长尾关键词所带来的流量。

在这里我更希望 SEO 新手从长尾词优化开始做起,当然,长尾词的搜索量也是有限的。但是面对高热度日搜上万的核心关键词而言,新网站是毫无优势的,因此不如从长尾词优化做起。

1. 区别

长尾关键词与核心关键词的区别一般分为以下几点:长尾关键词包含核心关键词;长尾关键词的字符数要大于核心关键词;长尾关键词一般分布在栏目页或者内容页;长尾关键词的流量较小;长尾关键词的目标用户明确;长尾关键词无限制词的数量;长尾关键词更容易优化。

2. 分布

长尾关键词一般分布在除首页以外的地方,如频道页、栏目页及内容页中。当然也有一些竞争度特别大的行业,会依靠站群技术将这些长尾关键词放在首页直接优化。尤其是一些地域性特别明确的关键词,都可以分布在首页,方便获取更好的排名。但是在分布的过程中,长尾关键词由于数量巨大,灵活性强,这就导致了站内优化布局相对来说比较困难,因此一定要针对性地添加内链,保证搜索引擎的正常收录。

3. 优化

长尾关键词的优化相比目标关键词来说要容易得多,因为竞争度低,搜索量少的原因,成就了容易做这一特性。长尾关键词优化得好坏往往取决于高质量的原创内容、高质量的外链、高质量的内链三大要素。所以当我们对长尾词进行优化的时候,一定要对高质量的原创内容植入相应的长尾关键词。尤其是在投稿给第三方的时候,必须加入相应的文章网址。虽说现在互联网信息没有绝对的版权,但是一般拥有高权重网站的编辑都是遵守互联网规则的,他们看中你的文章并进行转载的时候也会将文章的目标网址留下,这会大大提高搜索引擎的收录。

4.2 站内优化四大技巧

在许多网站进行 SEO 优化的时候，往往会犯一些不大不小的错误。新手 SEO 站长的通用毛病就是想当然，觉得自己这么就一定没什么问题。殊不知这些错误往往会造成严重的后果，损失掉不少的流量。

我们需要通过不断地学习来掌握一些技巧，从而规避这些问题的发生。在进行站内优化的时候，常见的优化技巧有 4 种：第 1 种是消减网站之间的链接；第 2 种是网页可以内链，但切记回链；第 3 种是文章与相关的内容页达成互链；第 4 种是锚文本切忌过于单一。

4.2.1 减少相互链接

在我们访问某些大型网站的时候，会发现某个网站的文章页出现过多次，而且是循环性地出现，这种方法的主要是用于提高某个页面的权重，而这种方法就叫做轮链。轮链的存在会大大提高某个页面的权重，相应地也会使得权重不均。所以，当我们在做 SEO 的时候就要清楚，是为了保证某个单独的页面提高权重，还是为了使整个网站均衡提高。

1．单独提高

如果我们只是想单独提高某个页面的权重，那么可以使用这种叫做轮链的方法。轮链的存在并没有绝对的好与坏，只是我们做 SEO 的侧重点不一样。为了提高某个单独的页面，我们可以通过不断地分享和转载来提高权重。

在使用轮链这一方法的时候，推荐大家多多使用分享这一功能。其实分享的就是最直接的网址，通过分享到 QQ 空间、微信朋友圈、微博等流量平台，会使搜索引擎对该页面特别认可。搜索引擎一直强调的是用户体验，而分享正是用户体验最有效的证明。

使用轮链只能针对某个页面，而且大多数情况下只能用作外链的发布。也就是说作为第三方外链，投稿是一个很不错的方式，但是网站的站内优化则不太推荐。

2．均衡提高

在做站内优化的时候，大多数的流量都来自首页，首页权重的提高会带动栏目页和内容页的权重，从而获取更高的排名。但是如果我们同样使用轮链这个功能的话，则会大大降低某些页面的权重。因为每个栏目与栏目之间的关键词是不相同的，如果我们在每个目录下都使用不同的轮链，那么会造成很严重的后果。

当然，首页是一切网站的核心，为了提高首页的流量，一些网站都会使用如"当前位置-首页"等功能。主要作用是一方面可以提高当前栏目关键词的密度，另外一方面也可以加大首页的流量。

3．小结

如果考虑做轮链这一功能，建议尽量发布到一些权重高的平台，可以通过投稿等方式，而且必须留下首发文章的目标网址对网站进行外部引流。而站内优化是不分高低的，站内尽量做到除了导航之外，其他栏目与栏目之间不要造成轮链的效果。

4.2.2　区别友情链接

友情链接的出现是为了提高网站与网站之间的流通性，主要用于同行业之间的互补行为。友情链接通常是指在网站的某个版块（常见于网站底部）添加一个对方网站的 LOGO 或者需要优化的关键词，并设置相应的超链接网址，用户可以通过点击该图片或文字访问对方网站的一种方式。通过友情链接，网站与网站之间也能达到一种合作推广的方法。

当然只有相互添加链接，比如 A 网站留下 B 网站的网址，而 B 网站也会留下 A 网站的网址，这种方法才叫友情链接。友情链接会给 SEO 带来很多好处，但是这里要注意，如果站内优化也采取这种方式，那就万万不可了。

1．现象

有一些新手 SEO 会想一些小聪明的办法来留住百度蜘蛛的停留时间，以此来提高搜索引擎中的排名。他们会在觉得搜索引擎既然这么喜欢友情链接，那么在网站文章页中造一个模拟的友情链接不就好了吗？其实这种做法并不可取。

友情链接是针对各个不同网站的，虽然网站的行业相同，但是内容肯定不一样。如果百度蜘蛛多次进行这种虚假的友情链接爬行，它会认为这是一个死循环的网站。最终不是有效地导出链接，而是自行放弃。而这种方式通常也叫做优化过度，往往在短时间内有效，长时间就会给网站造成降权等严重后果。

2．解决办法

站内的网址可以为主要的关键词添加一些特定的网址进行引流。例如，A 网页是一个引导页面，会引导向 B 网页。但是 B 网页千万不要出现回链而指向 A 页面。所以在做站内 SEO 的时候，就要特别注意这一现象的发生。

4.2.3 文章的关联性

对于一个网站来说，没有导出的外链的权重是最高的。我们做 SEO 的人都喜欢在权重比较高的网站发布外链，原因其实很简单，因为可以引流。既然出现了引流，那么就会有分流的出现，也就是说权重越高的网站分流也就越多，对我们做 SEO 的效果也越好。

这个时候或许有人会问：既然会分流，那为什么有些网站还是会同意我们去发外链呢？那是因为分流的并不一定会导致权重下降，相反经常去该网站发布外链，会使得搜索引擎认为该网站的活跃度高，用户体验度高，对外链平台也是很有帮助的。

1．定义

一个没有外链导出的文章页面的权重是最高的，所以尽量减少文章的导出链接，对该文章页面是非常有好处的。但是换个角度来说，这样又不利于优化。因为我们并不是为了某个单独的页面进行优化，而是希望整个网站都能优化。所以文章内页存在导出链接是可以的，但是必须遵循相关性这一规则。

2．方法

在做站内优化的时候，一定要记住不相关的栏目不要相互链接。相关的栏目尽量利用长尾词进行相互匹配，如深圳英语培训，则在相关栏目中可以出现深圳英语培训机构等。通过一步步地细化，加强主栏目在搜索引擎中的排名。

4.2.4 锚文本单一性

有些 SEO 新手在了解 SEO 之后会形成一种固定思维，而这种固定思维往往会让搜索引擎感觉厌倦，也无法加强对网站的优化。站内优化的锚文本整体来说是有好处的，所以我们需要尽可能地去了解锚文本的做法和优势。而本节重点讲的则是站内锚文本的一些多样性,以及如何进行站内锚文本优化。

1. 如何优化

锚文本必须针对网站的关键词而创建,简单来说网站的主题是什么,那么我们就通过站内锚文本深入地进行优化。而优化的技巧往往在于稳定性。例如,我们的 A 关键词的锚文本目标网址是 a 网址,那么千万不要出现 A 关键词又指向 a 网址,也不要出现 B 关键词指向 a 网址的错误。

2. 数量与位置

锚文本多出现于文章页的正文中,所以除了标题之外,我们将文章分为 3 个版块,分别是开头、正文和结尾。这 3 个版块中如果文章质量度足够高的话,那么锚文本可以分别出现在这 3 个位置,而数量则是 3 个。

3. 多样化

多样化的锚文本不是针对形式,而是针对布局。锚文本不仅仅出现在文章正文当中,也可以出现在多个地方。因此我们做 SEO 可以考虑,通过文章的描述来引导出锚文本。

4. 规律

每天更新文章的时间、数量,以及文章对应的锚文本需要有规律地持续进行。例如,可以在每天早上的八点更新一篇文章,下午两点再更新一篇文章,每篇文章也需要保持在 3 个左右的锚文本数量,不要有一天多一天少的现象。

4.3 网站三大要素——T、K、D 详解

当一个网站搭建好之后,最优先考虑的则是确定网站的三大要素。这三大要素分别是 T(title)、K(keywords)、D(description)。通常可以通过两种方法对网站的三大要素进行查看,一种是在站长工具里查询网址,可以很直观地看到。当然此时看到的只是文字,无法看到代码,更加无法确定这三要素需要写在什么地方。另外一种则是通过右击某网址的空白部分,查看网页的源代码,可以在网站最顶端看到这三个要素。

在互联网上对网站三要素的理解有 3 种,而针对网站 SEO 而言,我们需要清楚的是

TKD 才是 SEO 人员所掌握的三要素。其他两种概念更广泛，一种是域名、空间和程序，这三要素是搭建一个网站的三要素，和 SEO 无关；另外一种则是人、蜘蛛和浏览器，这三要素是构建整个互联网以及搜索引擎的三要素。接下来我们将详细讲解如何搭建一个作为 SEO 所需要掌握的三要素。

4.3.1 怎么写好标题（title）

title 也是一个标签，供搜索引擎识别的标签。title 标签具有独立性，只能出现在网站的 head 里，而代码标签则是<head></head>。如果不仔细看的话是无法找到 title 标签的，因为它只会出现在浏览器的顶部，也就是浏览器的标题栏中。通常我们利用浏览器的收藏夹和书签功能，添加的就是网站的标题。那么我们该怎么设置好网站的标题呢？

1．标题即是核心

一个网站的标题多展现在搜索引擎的位置，也就是说如果用户通过某个关键词进行搜索，在搜索引擎中看到的数据都是网站的标题。用户往往会通过对标题的第一印象来判断是否会进入我们的网站进行浏览、停留及咨询，所以网站的标题要写得足够吸引人。当然吸引用户点击只是第一步，而网站的内容和标题是相结合的。

由于市面上出现了许多标题党文章，很多 SEO 人员也开始思考是否可以用到网站上。这种做法其实没有什么不可取，但是网站的内容一定要与标题联系到一起，这样才能真正留住用户，给用户塑造一个良好网站的形象。

2．字数要求

标题的字数主要是根据搜索引擎的展现来确定的，如果标题过长，核心部分没有被展现出来，哪怕网站拥有很好的排名，也会流失大量的用户；如果标题过短，则用户又无法很直观地从标题上掌握网站的基本情况。所以搜索引擎给出了很好的定位，那就是网站的标题只展现最多 60 个字符，也就是最多 30 个汉字，只要不超过 30 个汉字，都是可以展现的。

3．标点符号

虽说搜索引擎给出了 30 个汉字的界限，但是也没有真的出现过 30 个汉字的标题，一方面是 30 个汉字的标题确实难以确定，另外一方面则是没有几个用户会在搜索引擎上搜索 30 个汉字。所以搜索引擎又利用了标点符号的方法，可以有效地将 30 个汉字进行拆分。标点符号有多种，这里只推荐常用的下画线。比如，深圳英语培训_深圳英语培训机构_深圳英语培训，则该网站的标题有 3 个核心标题，21 个中文字，是符合搜索引擎的标准的。

4．注意事项

搜索引擎对每个点都是区分对待的，网站的标题也不例外。拿上面的网站标题"深圳英语培训_深圳英语培训机构_深圳英语培训班"来说的话，深圳英语培训的权重大于深圳英语培训机构大于深圳英语培训，所以我们在写网站标题的时候一定要注意，哪个更重要就将其放在最前面，后面的依此类推。

案例 4-3

只要是能够在互联网上进行客户沟通的产品，通过与客户沟通就能成交的行业，我们都可以在互联网上进行推广。2015 年我接手一个政府项目，项目的宗旨是为中小企业进行挂牌服务，核心词为"新四板"。后来我搭建了一个关于新四板服务的网站，并通过自己的经验和资料搜集列举了一些核心标题，但是每个人书写标题的方法是不一样的，所以在这里给大家介绍两种方法。

网站的标题一般分为两种，一种是标题和关键词的匹配程度，一种则是吸引用户的点击方法。而标题和关键词匹配程度也被称为堆砌法。例如，新四板_新四板挂牌_新四板价格_新四板上市等，这种方法堆积起来的新四板比例过重，但是可以在早期使用。而另外一种吸引用户点击的方法，则需要我们知道用户的关注点是什么。新四板作为为企业挂牌服务的项目，这种项目针对的对象是中小企业老板，老板一般关注的则是价格、服务及趋势。所以我们可以这样列举出新的标题，如"新四板特价_前海新四板挂牌趋势大好_新四板一流服务热线：XXX-XXXXXXXXX"。

这两种方法同样也适合各种行业，针对各种行业的行情进行了必要的分析。正所谓一个好的标题更能吸引用户的点击，这就是非常完美的第一步。

4.3.2 怎么写好关键词（keywords）

网站的关键词很容易和网站的标题混淆，也有一部分 SEO 新手将网站的标题改写成网站的关键词，当然这种方法并不是不可取，而是意义不大。那么这么操作的话，网站的标题和关键词岂不是一样了吗？搜索引擎何必又再定义一个关键词呢？说到网站的关键词和标题的区别其实也是比较明显的，网站的标题主要是给用户看的，而网站的关键词主要是给百度蜘蛛看的。

1. 分类

网站的关键词一般分为两种，一种是首页关键词，一种是栏目页关键词。常见的首页关键词有公司的名称、核心品牌及主要运营产品；而栏目关键词通常分为主栏目和分类栏目。主栏目的关键词主要是栏目的名称、栏目的关键词及栏目分类列表的名称。这种写法的主要作用是，能够让搜索引擎更好地识别网站的结构。一个结构清晰的网站，其权重和排名也会比较好。分类栏目的写法相对来说比较简单，主要是针对该栏目进行细化，提炼出栏目的核心关键词，一般常用3到4个即可。现在的搜索引擎越来越强大，过多的关键词只会导致网站权重分散，甚至是毫无排名。

2. 写法

根据首页从简原则，我们通常根据栏目的层级采取递增式的写法。例如首页的关键词为"英语培训"，那么二级分类页可以为"深圳英语培训"，三级分类页则可以为"深圳英语培训哪里好"。这种写法就是递增式的写法，通过选取核心关键词，一步步地进行细化。

3. 贴近用户

根据搜索引擎的不断完善，我们明白了排名依靠的是搜索引擎，但是成交却并不是。成交往往才是我们进行网站 SEO 的重点和目的。当我们选取关键词的时候，尽量多考虑用户的搜索习惯，用户喜欢搜什么，那么我们就做什么，这样也会大大提高网站的成交转化率。

案例4-4

网站的关键词往往可以从多个角度选择，我们以深圳某公司销售飞利浦剃须刀为主，那么企业的关键词选择可以参考以下方案。

核心关键词选择：飞利浦剃须刀、飞利浦上海、剃须刀销售、深圳剃须刀。

辅助关键词选择，从品牌的角度考虑：飞利浦公司、飞利浦客服、飞利浦剃须刀配件、飞利浦剃须刀系列等；

从已有用户的角度考虑：剃须刀维护常识、剃须刀寿命、剃须刀维修、剃须刀选购等；

从地域角度考虑：飞利浦深圳公司、深圳飞利浦、深圳飞利浦销售、深圳飞利浦专卖店等；

从产品名称考虑：剃须刀公司、剃须刀分类、剃须刀功能、最新剃须刀等；

从产品分类考虑：旋转式剃须刀、往复式剃须刀、直通式剃须刀、弯头式剃须刀、卧式剃须刀等；

从产品型号考虑：飞利浦剃须刀 HQ、飞利浦剃须刀 PT、飞利浦剃须刀 AT、飞利浦剃须刀 RQ、飞利浦剃须刀 PQ 等；

核心关键词一般在 3~5 个左右，而辅助关键词可以维持在 200 个左右，所以可以通过不同类型的关键词进行不同的组合。之后可以为这些辅助类型的关键词进行 SEO 文章的撰写，以此来填充网站，网站的流量也会随之提升。

4.3.3 怎么写好描述（description）

当说完标题和关键词之后，就要考虑网站的描述了。许多 SEO 认为描述没那么重要，其实描述的功能更多的是为了弥补标题的不足。所以我们要明白，网站的描述对于 SEO 也是很重要的。前面提到用户通过搜索引擎可以很快地看到标题，但是标题往往不能全面性地展示网站的详细情况。这个时候搜索引擎除了展现标题之外，还会展现对网站的描述，以方便用户能够快速地了解即将要访问的网站是做什么的，能够提供哪些服务，同时具备哪些优势等。

但是有些 SEO 人员为了提升关键词所在的比例，往往不会进行专门的描述，而是刻意地堆砌关键词。本来描述应该是用一段完整的句子对网站进行一个详细的描述，而有些 SEO 人员则是随意填写网站的描述，甚至语句不通，内容矛盾。这种做法不但不会得到搜索引擎的青睐，而且会造成极差的用户体验。

1．描述就是描述

网站中的描述功能是可以添加关键词的，并且是有利于 SEO 优化的。但是我们不能因为这种条件的存在而忽视了更加重要的用户体验。如果用户通过搜索引擎搜索关键词，并且该关键词对于网站来说也有很好的排名，但是用户在搜索引擎里看到描述的语言不知所云的时候，是不会带来任何点击量和访问的量。

描述的意思大家都清楚，就是通过简单的一句话介绍网站。就像我们去面试的时候，面试官会让你用一句话简单地介绍一下自己一样。所以这个描述一定要精炼，而且要足够吸引人。而描述中是可以包含核心关键词的，所以在撰写描述文字的时候，我们可以通过添加一两个核心关键词来提高关键词的密度即可，切忌太多。

2. 减少无关内容

网站的描述尽量针对产品和服务来写，因为网站的核心就是销售产品或者进行某种服务。所以当我们撰写描述的时候，不要刻意地将一些公司介绍、联系方式写在里面。如果用户真的对网站感兴趣，会先对网站有一个大致的了解之后，才会进行电话咨询。

3. 字数控制

网站的描述也是有字数限制的，因为只是让你进行简单的介绍。百度会将网站的描述控制在 200 个字符以内，也就是 100 个汉字以内。当我们进行描述的时候，切忌内容太长。一个优秀的网站描述，不仅阅读起来语句通顺，而且也能让阅读者读一遍就能懂。

4.4 站内优化的细节

在了解了网站三大要素之后，我们已经基本可以确定网站的整体核心方向了。大方向没错之后，并不代表不会出现问题。而大方向确定之后，许多 SEO 人员认为接下来只需要发发文章，发发外链就可以了。但往往这种效果并不明显，这就导致了 SEO 工作止步不前，SEO 工作人员却又不知道问题出在哪里。其实这就是因为这些 SEO 人员的工作只能停留在表面的原因。因为除了大方向之外，许多该注意的小细节他们并没有关注到。

4.4.1 提高网站的访问速度

一个网站的打开速度直接影响了用户的心理，一般来说如果一个网站的打开速度高于 3 秒以上的话，那么很多用户是不会停留的。影响网站打开速度的原因有很多，如某段代码的外部 JavaScript 打不开、图片太大加载太慢，这两种都可以规避；常见的就是第 3 种，即网站没有压缩，或者说有些 SEO 人员不会对网站进行压缩。

1. 现象

网站没有压缩其实并不能怪 SEO 工作人员，因为不是每家公司都会购买独立的服务器，就算购买了独立的服务器，一般的 SEO 工作人员也不会操作。如果服务器操作不当，则会使服务器上的所有网站都打不开，因此不是专业人士的话一般是不会轻易压缩网站的。

所以很多公司只是买一个简单的虚拟空间，如果服务商的配置足够高的话，可以要求对方进行网站压缩，以此来提升网站的访问速度。但是有些公司购买的虚拟空间服务器是比较差的，而进行网站压缩会对服务器造成一定的损耗，这就是为什么有些购买了虚拟空间的网站并没有对网站进行压缩的主要原因。

2．查看

要想查看网站是否被压缩，我们可以在站长工具上查看"检查网站是否被压缩"这一功能，如果显示为红色的话，则表示网站没有被压缩。

3．方法

随着互联网的发展，越来越多的互联网公司为了获取更多的用户，慢慢地开发了一些可以自主压缩的工具，如百度的加速乐。当然百度的加速乐工具并没有压缩的功能，只是起到了网站加速及防御的功能。另外还有一种也是比较专业的工具，就是可以通过域名的 CDN 的缓存数据功能。访问一个网站时主要加载的就是文字、图片及视频和一些 JavaScript 代码。但是如果网站使用了 CDN 缓存解析的话，那就不用每次都加载了，而是有缓存的。当然如果对网站进行了更改之后，也需要在域名服务商那里进行刷新，以保证最新的网站出现。

案例 4-5

我在和一些群里的朋友交流时，经常会遇到一些新手站长问为什么网站的访问速度会很慢。后来我特意找到一个群友的网站进行了分析，一步步找出网站访问速度变慢的原因。

首先我将他的网站通过站长工具的"测试网站访问速度"的工具进行了网站测速。从反馈的数据可以看到，该网站的下载速度只有 1KB/s，而一般需要达到 50～100KB/s 才算合格的打开速度。通过排查得知，该网站已经进行了压缩。压缩是可以提高网站访问速度的，但为什么他的网站速度还是这么慢呢？我接着往下查。

之后确定有两方面的原因：一个是服务器，一个则是网站本身。而服务器对于一个小型的企业网站来说并没有太大的负荷，所以服务器的问题可以排除。那么问题就只能出现在网站本身上。于是我打开他的网站发现，他的网站并不是以 index.html 为后缀，而是以 index.php 为后缀。后来我让他将网站另存为静态页面，然后更改 index.php 后缀为 index.phps 作为首页备份。再进行测试之后发现，网站打开速度极快，测试的速度高达 100KB/s。原因算是找到了，那么接下来就是如何解决这一问题了。

这里有读者可能会问：HTML 和 PHP 有什么区别呢？HTML 是以静态网站为根本的，只是访问了该页面，而 PHP 页面则访问的是动态的，服务器需要通过访问数据库然后进行 PHP 转译，最后才能展现在用户面前，大大加长了用户的访问时间。而除了 PHP 动态网站之外，还有 ASP.NET 和 JSP 等。

因为访问的网站为动态的，所以我拿到他的网站之后，通过代码编程的方式将他的网站整体更改为伪静态，这样打开速度都提高了很多。

其实只要我们购买的服务器和空间有足够强大的服务商做后盾，网站打开速度变慢的原因基本上都是围绕在网站本身上的。所以我们需要有效地规避这些问题，以此来提高网站的访问速度。

4.4.2 勤于提交百度收录

在做网站的时候，我们经常会看到一个现象，那就是秒收甚至是秒排。可能有许多 SEO 新手会问：为什么别的网站都是秒收甚至是秒排，而自己的网站却连收录都没有呢？有的做了许久的网站，也只有一个首页被收录而已。遇到这种问题的时候，我们首先要分析原因，然后逐个进行排查，最后找到属于自己的解决办法。

1. 原因

首先我们必须要会查看网站的日志文件。通过查找功能可以查到百度蜘蛛是否抓取了自己的网站，如果连抓取都没有，那自然谈不上收录了。抓取成功一般返回的 HTTP 代码为 200，当出现该返回代码的时候，就可以确定百度蜘蛛抓取了我们的网站。如果网站被抓取了，那就等一等，不久就会放出来的，但如果是考察期的新网站，就需要更加耐心地等了。

2. 解决

上面说到，如果百度蜘蛛来了，那么收录展现在搜索引擎中是早晚的事，我们无须担心。但如果百度蜘蛛没有来的情况下该怎么办呢？通常大家都会通过外链引流来加快收录。但是我们也要清楚，现在的外链效果越来越差，所以不一定发布了外链就能吸引百度蜘蛛。当然，也不是不发外链就不能吸引百度蜘蛛的抓取。

于是百度又开放了一个端口，供站长提交收录的端口。这个端口和网站首页提交的端口是不一样的，而且每天提交的上限也在 10 条以内。我曾说过，SEO 不单单是一门技术，更多的是要通过思考来完成。所以当百度蜘蛛不来我们网站抓取的时候，我们要主动出击，主动把网站提交给百度，让百度知道网站更新了，需要来收录了。

这种办法对于新网站来说作用不大，因为新网站是处于考核期的，而考核期的网站收录再多都不会放出来。所以这种办法更适用于有一定权重，并且更新频率正常的网站。

4.4.3 H标签什么时候用

H标签的全称为heading标签，它也是所有标签中分得最细的一种，一共有6种，分别从H1到H6，主要作用是针对性地强调某个关键词或者标记。6种不同大小的标签，表示6种不同的重视程度。H1到H6表示文字从大到小，权重也从高到低。这6种标签能够很好地将网站的重要性区分出来，以方便搜索引擎能更好地抓取和分析网站的主题层次。

1. H1标签

H1是一个比较独立的标签，就像重心一样，每个页面只能有一个。很多SEO新手不知道H标签究竟有什么用，但是既然存在那就是合理的，所以我们在优化当中是很有必要用到的。H1标签通常会展示在标题当中，这样一方面是足够醒目，另外一方面也是加深搜索引擎对该标题的印象。

2. H2标签

H2标签是作为H1标签的铺垫，有些人会在写文章的时候会在正文中再次突出标题，这个时候H2标签就可以有用武之地了。

3. H3标签

H3标签多用于段落的小标题，进行文章段落之间的衔接，保证段落与段落之间可以很好地阅读和流通。

4. 其他H标签

其实在SEO当中，真正经常用到的只有H1、H2和H3标签，其他的标签都用得比较少。其他的H标签其实也是没有太大作用。针对一般性网站来说，H2以后的标签只会分流，并没有太大的好处。

从图4-3中可以看出，H1标签大于下面的H2等标签。从SEO的角度看，H1更适用于网站的核心关键词，如LOGO的位置，来加深搜索引擎的优化。

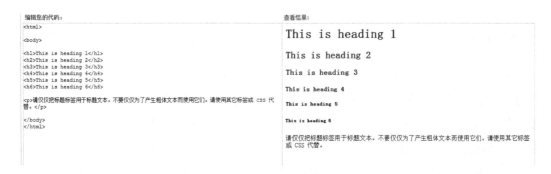

图4-3　H标签实操

4.4.4　图片优化

在百度搜索里我们经常用到的是网页搜索，但是现在越来越多的用户为了更加直观地看到自己想要的信息，也会通过图片搜索进行查找。这个时候SEO新手就会问了：那些图片是从哪来的呢？其实那些图片和搜索引擎一样是被抓取来的。只要我们对网站的图片进行优化，用户同样也可以通过百度图片的搜索界面访问我们的网站。

那么怎样才能将图片优化得足够好，最终展现在搜索引擎的图片搜索功能里呢？这里就要用到图片优化的功能了，如图4-4所示。

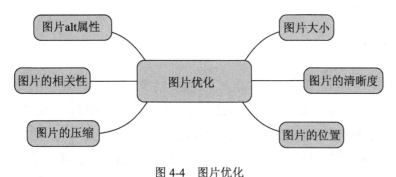

图4-4　图片优化

1．错误理解

图片优化在人们的眼里可能会认为，是对图片的美观度、清晰度、分辨率等优化，属于美工范围的优化。但这和SEO所说的优化是没有任何关系的。SEO所说的图片优化和关键词优化是一样的，图片的优化同样需要结合代码。之所以图片优化没有关键词重要，是因为我们都习惯性用文字搜索，才造成了以文字为主导地位的搜索引擎。

2．alt 属性

网站的图片和文字的表现形式是不一样的，文字是通用的，所以除了极个别地方需要用到特殊标签以外，通常都是根据 CSS 的样式来决定的。而图片则不一样，图片的出现必须有单标签<img>才能插入图片，然后根据图片的 URL 地址来获取图片的路径展现。而 alt 属性则是跟随在后面的属性，我们可以理解为对图片的一个中文解释，而这个中文解释就是帮助网站上的图片展现在百度搜索引擎图片搜索界面中的一个重要途径。

例如，在网站上上传了一张英语老师讲课的图片，这个时候 alt 标签就可以写为 alt="英语培训"，那么用户在百度搜索引擎的图片搜索里就有机会看到这张英语老师讲课的图片。当然，alt 属性还可以用于当图片丢失或者加载失败的时候，告诉用户这是一张介绍什么类型的图片。

3．完整属性

当然也有一部分 SEO 人员认为，单一地依靠 alt 属性是无法满足图片优化的。于是后面又增加了 title 属性。图片中 title 属性的作用一样不亚于 alt 属性的作用。后来又有一部分人觉得图片的名字也很重要，逐渐演变成<img src="图片名称.jpg" width="宽度大小" height="高度大小" alt="图片名称" title="图片名称">的完整属性代码。

4.4.5 文章完善

互联网时代写文章的人很多。但是真正既能写文章，又能做 SEO 的人就相对来说比较少了。所以很多公司的 SEO 人员更多的仅仅是在做一个互联网信息的"搬运工"而已。而写文章大致可分两种情况，一种是直接冲着为用户解决问题而写的，这种情况常见于学习类型；另外一种则是引导用户去咨询或消费的文章，这种情况多属于咨询意向类文章，常见的说法也叫软文。

1．学习型文章

学习型网站多数是依靠广告联盟来挣钱。如果是这种类型的网站，建议对如何学习介绍得越详细越好。永远不要觉得你懂了，其他人就能懂。例如我们想了解 SEO 的时候，需要尽可能地详细介绍。而不是一句话：SEO 就是搜索引擎优化。这种类型的介绍文章一定要越详细越好，详细到每个步骤怎么去做，怎么去分析，怎么去解决。只有这样的文章，才能带动流量的产生。

2. 咨询型文章

咨询型文章和学习型文章相比更容易产生转化。学习型的文章除非有价值的引导学习，或许能带来收费培训的转化。但是对于咨询型的用户，他们是希望通过对网络文章的了解而进行一个判断，自己该不该去某个地方，如医疗行业。因此要记住，文章需要从多方面的考虑去撰写。如果一篇文章将用户所咨询的问题全部介绍清楚了，如什么病，病因是什么，怎么造成的，怎么治疗等，那患者最后是不是只要去开药就可以了？他会不会在你的这家医院买药呢？这就成了一个问题。因为大部分医疗行业都是到诊才算有效的。

所以针对咨询类文章，我们要记住采用软文的写法引导用户进行咨询，最后达成成交。

4.5 站内优化的注意事项

通过以上几节的学习我们知道，网站的站内优化可以从多个方面去进行。本节主要是通过一些检查的方法来完善站内优化的注意事项。

4.5.1 死链

随着公司做网站的时间越来越长，难免会出现更换程序员与优化专员的时候。当优化专员为了更好地对网站进行优化的时候，也可能会出现对网站进行改版，这就会导致一个存在多年的老网站会出现死链的情况。而网站出现死链的原因主要是对应目录的文件夹发生了改变，或者代码批量替换时导致的错误链接。死链并不是凭空出现的，一般情况下最初的网站链接都是正常的，因为各种原因导致之前能够正常打开的链接，现在无法打开了，所以统称为死链。

1. 原因

有些网站因为是动态网站，这种类型的网站不会生成静态的 HTML 文件，所以这种类型的网站出现死链往往是因为数据库的变动引起的。

通过之前几章的学习可以了解到，我们访问所有网站时访问的其实是一个文件夹，而这个文件夹里存放的文件就是我们所访问的网址。所以当有些静态网站出现的时候，往往是因为该文件夹下的某个页面发生了变动,如更改了文件名,删除了文件等。

2. 检查

因为网站的大改与数据库的交互更新,会导致生成的静态文件出现大批量的死链。死链的出现会直接导致网站的收录降低,最后导致权重降低,排名消失等严重现象。因为大批量的死链出现,人工是无法一个个去检查的,所以在互联网上我们可以利用网站地图sitemap工具,在生成XML文件的同时,也会有大量的死链被检查出来。

3. 删除

死链对于一个网站来说,无论是用户体验还是搜索引擎优化都是极差的存在。所以当我们找到死链之后,就要进行删除。由于删除大量的死链无论是工作量还是操作技巧都是比较复杂的,甚至有可能造成误删,所以在这里尽量推荐大家使用工具删除。网络上有一款知名的软件Xenu,该工具可以快速删除网站的死链,操作也十分简单。

例如,输入网址http://badlink.links.cn/,如图4-5所示,输入需要查询的网站进行死链查询。如查询到相应的死链会反馈到数据中,我们通过后删除即可。

图4-5 死链查询工具

4.5.2 外部链接

这里的外部链接并不是指外链,而是指搭建网站的时候需要使用的一些代码,如CSS和JavaScript文件。这两种文件中,CSS是控制网站的布局样式,也就是用户所看到的页面。专业的前端人士将所有的网站都可以看做是一个巨大的盒子,而每个版块又是巨大盒子当中的小盒子。构建这些小盒子的样式,就是利用CSS控制的。JavaScript则是特效,如我们看到网站会出现图片滚动的功能,还有一些弹窗页面,而这些功能就是利用JavaScript实现的。

但是这两种文件的代码量往往是庞大的,所以我们必须要利用外部链接进行导入,这样可以提高网站的优化和访问速度。

1. 减少请求

每次搜索引擎访问 CSS 和 JavaScript 文件的时候，都会对 HTTP 进行一次请求，而这样会加重网站的负担，导致网站速度打开变慢。所以我们可以通过 JavaScript 和 CSS 的包含来减少访问次数，也就是提高打开网站的时间。

2. CSS放在顶部

千万要记住网站的加载顺序是从上而下的，所以我们首先要让网站看上去是完整的。没有 CSS 的网站就像丢胳膊少腿的人，给人的感觉肯定是不好的。所以当加载的时候，一切写在网页源码里的 div 文件都是可以正常加载出来的，但是必须要将 CSS 优先加载，只有这样才能保证一个网站的完整性。例如：

`<link rel="Stylesheet" type="text/css" href="填入 CSS 所在相对路径或绝对路径.css" />`

3. JavaScript放在底部

JavaScript 是否一定要放在底部，到目前为止还没有一个完全统一的答案。因为各种功能的实现都是需要 JavaScript 的，而 JavaScript 和 CSS 又不一样，所以 JavaScript 并不一定需要完全放在底部，主要是根据网站的需求或者希望某个地方优先加载出来，更加利于用户体验罢了。像某些第三方小平台开发的脚本，就会经常提到，一定要放在网页的前面，否则就无法获取到访客的数据了。

还有一个核心原因是因为 JavaScript 的加载速度往往比较慢，这样对于 SEO 来说是很不友好的存在。例如：

`<script type="text/javascript" src="填入 JS 所在的相对路径或绝对路径.js"></script>`

4.5.3　网站常用工具

在做网站优化的时候，很多信息需要我们自己去找，去分析，然后去操作，这是必不可少的。但是在人力工作量日益消减的时代，越来越多的软件代替了大量的人工操作。所以做 SEO 同样如此，为了更好地提高效率，我们可以将这些工具都准备好。因为市面上各种类型的工具比较多，这里主要针对知名度比较高的工具进行介绍。

1. 网站管理工具

做网站最关心的就是网站的数据和对网站的管理，一个好的网站管理工具往往能更快、更好地展现出网站的信息，方便我们及时进行优化。

因为搜索引擎中百度搜索引擎占据了绝对的主导地位，所以当我们使用网站管理工具的时候尽量以百度站长平台为准。百度站长平台提供了多种功能，如网站地图提交、死链提交、网站安全监测、网站优化建议，以及百度查询索引量等。

2. 外链查询工具

发了多少外链，多少外链是有效的，多少外链是无效的，如果我们无法正确地获取到这些信息，那么我们发外链或许都是在做无用功。

在这里推荐一款收费的外链工具。当然大家如果不愿花钱，就需要每天手动查找外链的效果，每天剔除无效的外链。

这款收费的外链工具叫做 majestic SEO，其优点是能够快速查询到多个外链的收录情况。

3. SEO查询工具

SEO查询工具在网络上有两种，一种是爱站，一种则是站长工具。这两种工具的作用其实都是一样的，但是由于核心算法不同，所以会导致一些数据出现差异。

4. 网站安全检测

在互联网上经常会遇到一些黑客，他们往往会通过一些技术方法或黑客工具，通过破解网站的账号、密码，进行挂黑链等操作来谋取利益。所以，SEO人员对于网站的安全检测也是很有必要掌握的。

百度安全检测工具引进了腾讯、小红伞、金山、知道创宇等许多大型检测的数据库。我们可以在百度安全检测上快速地查看网站是否足够安全。一个挂黑链的网站，可以直接导致网站被K站。

🔔 注：黑链是指看不见，但是却被搜索引擎计算权重的外链，也叫隐链、暗链，是反向链接，主要是黑客所为。

5. 网站统计工具

网站统计工具也叫站长统计工具，比较有名的是 CNZZ 工具，主要作用是通过添加 CNZZ 的统计代码，可以很快地分析出网站的 IP 访客、PV 值，以及来访地域等细节。CNZZ 是目前国内功能最强大的一款免费站长工具。

6. 广告联盟

准确地说广告联盟不算 SEO 优化工具，但却是一款变现的工具。在网络上大家都知道流量可带来收益，一方面是有产品和服务的公司通过大量的访客流量进行产品成交而获利；另一方面则是添加广告联盟。

百度联盟是目前国内最大的一款广告联盟工具。但是百度联盟对网站审核要求比较严格，其可以很容易地查出是否存在恶意互刷的现象。在网上有一些人的站点本身流量不高，但是他们会通过同行进行广告联盟互点来获利。

7. 小结

每一款工具对于 SEO 来说都有不同的作用，方便我们进行网站优化。当然不仅仅是以上介绍的几款，每一种软件都有好几款不同的运营商，大家有兴趣的话可以在网上多查找一下。

4.6 URL 优化

URL 全称为 Uniform Resource Locator，通常被称之为网址，也可以说是网站的地址。我们可以通过浏览器访问该网址，并从该网址的网页浏览自己想要的信息。URL 最初是由蒂姆·伯纳斯·李发明，并且是作为万维网的地址，但是随着时间的推移，现已被万维网联盟编制为互联网标准的 RFC1738 了。

一般的 SEO 人员对 URL 优化都不是特别的在意，SEO 更多的是关注关键词的优化。但是 URL 的优化同样重要，URL 的命名规则、长度、是否静态或动态，以及层级关系都会影响网站的排名。

4.6.1 URL 路径分类

提到 URL 路径分类，一般是针对前端人员和后台程序人员所定义的，这里统称为技术人员。技术人员一般会通过调用图片、CSS 及 JS 代码来对网站进行设计。而这种调用模式一般分为两种，一种是相对路径，另外一种则是绝对路径。专业一点来说可以分为相对 URL 和绝对 URL。

1. 相对路径

我们都知道打开正确的网址才能获得想要的网站。同样，网站里的图片、样式（CSS）及特效（JS）也是需要正确的路径才能获取到。在新手学习前端代码的时候，往往会因为调用错误而导致图片不能显示、样式显示错误、特效无法显示等问题。而这个时候我们就要学会怎么使用路径了，路径对了，图片、样式、特效就都能正确显示了。

案例 4-6

相对路径主要针对的情况有两种，一种是最顶端的相对路径，即域名本身之下。因为所有的信息都归于网站域名本身所有，所以当出现这种情况的时候，所有的相对路径均可以省略掉域名。

如我们通过 FTP 将一张 ceshi.jpg 的图片上传到了域名 http://www.xxx.com 之下，那么想要获取到这张图片的正确写法则是：<img src="/ceshi.jpg" width=400px; height=400px;>。/ceshi.jpg 中的/是省略掉了域名本身。

CSS 的写法是：<link href="/ceshi.css" rel="stylesheet" type="text/css" />;

JS 的写法是：<script language="javascript" type="text/javascript" src="/ceshi.js"></script>。

相对路径的另外一种情况则是某个目录下的文件，当出现这种情况的时候，我们就需要找到对应的文件夹并使用对应文件夹的路径。例如，我们通过 FTP 将一张 ceshi.jpg 的图片上传到二级栏目下，二级栏目的文件夹名称为 xiangmu，然后将这张 ceshi.jpg 图片上传到 xiangmu 文件夹下。如果我们想要调取这张图片，那么正确的写法则是：<img src="/xiangmu/ceshi.jpg" width=400px; height=400px;>。

CSS 的写法是：<link href="/xiangmu/ceshi.css" rel="stylesheet" type="text/css" />;

JS 的写法是：<script language="javascript" type="text/javascript" src="/xiangmu/ceshi.js"></script>。

当然如果我们所调用的图片、CSS 及 JS 代码和所需要使用的网址在同一个目录下，同样可以省略掉该目录的文件夹名称。总的来说，相对路径的使用是比较灵活的，需要结合当前的路径进行调整。

2．相对路径的优缺点

相对路径的优点是容易移动，可以通过整个文件夹进行移动；测试本地网站也更加方便。相对路径的缺点是如果代码不够严谨，当移动文件夹之后，部分页面可能会出现错乱现象；而且如果使用相对路径的话，很容易被人整站抄袭。

3．绝对路径

相对路径是相对某个文件夹下的单独调用，而绝对路径则指的是固定的某个文件夹下的调用。绝对路径调用起来与相对路径相比更单一但也更稳定，如果不单独修改这一路径下的资料，是绝对无法更改和使用该路径下的内容的。

绝对路径使用的地方较少，没有特殊需求的情况下是不会使用的。但是这种绝对路径通常会出现在抄袭网站的时候，有些抄袭网站的技术人员因为贪图省事，所以都会直接使用对方的网址。

例如，我们的网址是 www.xxx.com，而对方的网址是 www.yyy.com，那么对方网站下的图片的路径使用则是<img src="/ceshi.jpg" width=400px; height=400px;>。如果这张图片需要在我们的网址 www.xxx.com 下使用的话，就会变成<img src="http://www.yyy.com/ceshi.jpg" width=400px; height=400px;>。

这种方法被很多技术人员所使用，但是对于网站本身来说却是没有任何好处的。我们其实可以通过图片下载的方法将 www.yyy.com 下的图片下载到本地，然后通过 FTP 将这张图片上传到网站 www.xxx.com 下，这样就能正常使用了。

4．绝对路径的优缺点

绝对路径的优点是，如果有人抄袭你的网站内容，里面的链接还会指向你的网站。有些抄袭的人比较懒，根本不会去修改内容。其实也不局限于被抄袭，如果有人将你的网页保存到本地计算机中，里面的链接、图片、CSS 及 JS 仍然会连接到你的网站；当网页位置被修改的时候，因为使用的是绝对路径，所以依然会指向正确的路径。绝对路径的缺点是在本地测试的时候，如果使用 http://127.0.0.1 的话，后期网站正式上线修改起来会非常麻烦。

4.6.2 URL 命名技巧

URL 怎么命名对于 URL 优化来说也是十分重要的一个优化环节,它的命名往往跟随当前栏目的关键词的相关度命名更加容易优化,而其他方式的命名则相对优化来说没那么简单。

网站的 URL 并不是随意生成的,当然也不是固定的。一般情况下因为文章的内容页面过多,无法逐一命名,所以都会使用数字顺序来命名。而栏目页则不一样,因为页面并不多,所以 SEO 人员往往会重点进行栏目页的命名。因为每个人的命名习惯不一样,所以目前网络上惯用的命名技巧通常分为 4 种:第 1 种是全拼命名;第 2 种是首字母命名;第 3 种是英文命名;第 4 种是中文命名。而国内中小企业的网站,在大多数情况下都会使用第 1 种全拼命名或者第 2 种首字母命名的方式。

1. 全拼命名

全拼命名一般来说是国内较常见的一种命名模式,因为百度搜索引擎针对的是中文搜索,而中文的起源也是拼音,所以中文搜索的情况下我们可以利用全拼这种模式进行 URL 命名。

例如,上海某销售门窗的公司网站,其二级栏目下有一款防盗门的产品,那么该产品的命名规则如果使用全拼命名的话,则可以使用 fangdaomen 来进行命名。而正确的访问地址则是 http://www.xxx.com/fangdaomen/index.html。

2. 首字母命名

首字母命名是国内最常见的一种命名模式,由于全拼的命名模式实在是太长了,所以一般情况下为了使其更加容易优化,则一般会使用首字母进行命名。

例如,深圳某销售电风扇的公司网站,其二级栏目下有一款落地扇的产品,那么该产品的命名规则如果使用首字母命名的话,则可以使用 lds 来进行命名。而正确的访问地址则是 http://www.xxx.com/lds/index.html。

3. 英文命名

英文命名一般常见于国外网站或者一些外贸网站,英文的命名规则和中文的命名规则稍有不同。如果只是一个单独的关键词组成的 URL 那么可以单独使用,如果是多个关键词组成的 URL 则必须使用分隔符隔开。

例如，广州某国际贸易网站经营着一款电子产品，其二级栏目下有一款外贸耳机。那么该产品的命名规则如果使用英文命名的话，则可以使用 headset 进行命名。而正确的访问地址则是 http://www.xxx.com/headset/index.html。

4．中文命名

虽然百度作为全球最大的中文搜索引擎，但是互联网搜索引擎终归是外国人发明的，再加上 URL 网址并不是用户需求的核心，只是作为 SEO 人员优化的一个知识点，所以在 URL 的命名上，中文命名在未来或许会有更大的发展。但是在目前来说中文命名确实并不常见，而且就目前百度搜索引擎所提出的规则来看，也没有明确说明 URL 的中文命名规则更加利于优化。

例如，某公司销售的冰箱产品均在国内，其二级栏目下存在的一款海尔冰箱使用中文命名为海尔冰箱。正确的访问地址则是 http://www.xxx.com/海尔冰箱/index.html。

5．小结

通常来说使用全拼和首字母对 URL 进行命名是最利于 URL 优化的，而且方便记忆也方便对后期的栏目进行管理。当然如果你有较好的英语基础更加偏向于英文命名，或者从事的是外贸类型的网站，那么使用英文命名也未尝不可。

4.6.3　URL 的长度

搜索引擎在抓取网站标题关键词方面会有一定的长度限制，如果网站的标题过长，那么搜索引擎同样不会抓取。这种规则对于 URL 来说同样适用，对于超过限定长度的 URL 所指向的页面，百度甚至会放弃收录。所以我们在对网站的 URL 进行命名的时候，一定要注意长度的限制。而决定 URL 的长度的主要因素包括域名过长、文件路径过长和文件名称过长。

1．域名过长

域名的重要性主要体现在两点，而其中的一点就是域名越短越好。主要是因为域名越短，更加方便记忆而且更容易优化。一般来说域名越长该域名越差，以京东来说，www.jd.com 这个域名拍出了千万高价，不仅仅是对应的品牌效应，更验证了域名越短越好的论证。

例如作者自己的创业公司（深圳前海慧诚资本投资有限公司），如果我去注册一个公司类型的网站，那么有两种选择，一种是 http://www.szqhhc.com，第二种是 http://www.shenzhenqianhaihuicheng.com，相比之下大家觉得我会考虑哪一种呢？答案自然是第一种。虽然第一种域名没有什么知名度，但是相对于第二种域名来说，第一种域名让人觉得更加方便。

2．文件路径过长

文件的路径长度主要遵循三角定律，如果自己所运营的网站只是一个简单的企业站点或者个人博客，并不涉及太多的内容。那么这个时候为了保证不会出现三级甚至四级目录的情况，所以最好在文件路径这里使用二级目录即可。由于搜索引擎判断权重的方式是层级越浅权重越高，这也就是现在所提到的 URL 优化。

一般情况下，我推荐大家遵循首页、二级目录（栏目页）及文章内页的三个层级关系来搭建网站。这也是目前小型站点最优的搭建方式，无论是从人力考虑，还是从后期的优化考虑，都是绝佳的搭配模式。

例如某家做教育培训的公司经营着许多培训业务，其培训业务下存在多语种培训，而多语种培训下又存在英语、法语和德语等语种，那么网站的权重层级关系则是多语种大于英语、法语和德语的层级。

例如，http://www.xxx.com/yy（英语）和 http://www.xxx.com/xyz（多语种）/yy（英语）相比而言，前面的 http://www.xxx.com/yy（英语）更加利于 URL 的优化。

3．文件名称过长

文件的名称特指内容。而内容页的名称一般来说主要会根据发布文章的先后顺序给予一定名称。比如第一篇文章的名称为 1.html，而接下来的则会按照数字的顺序进行排列。当然这种模式是最佳文件名称模式，但是有的开源程序的文件名称规则却并不是这样的。

以开源系统 DEDECMS 为例，它的文章命名规则多数以年、月、日的形式展现，而且这种模式非常不利于 URL 的优化。因为以年、月、日这种命名规则来说，无形中就增加了三个层级，文章内页的权重将会大大降低。

例如，http://www.xxx.com/yy/1.html 这是最正规的文件名称，而如果以年、月、日的形式展现的话，那么就会出现 http://www.xxx.com/yy/2017/8/19/1.html，可以很清楚地看到这篇文章是在 2017 年 8 月 19 日发表的第一篇文章。当然还有另外一种形式，如 http://www.xxx.com/yy/2017081901.html，这种形式也是可以直接知道文章的发表日期。但是相比第一种形式而言，后面两种因为层级过长、文件名称过长等因素的存在，所以是不利于 URL 优化的。

4.6.4 URL 重定向

URL 主要是针对虚拟空间而言，因为不是自己独立管理的服务器，所以无法正常进行常规的操作。但是自己又不希望通过主域名的二级目录进行访问，而是希望通过主域名的二级域名进行访问。所以这个时候就会用到 URL 重定向。URL 重定向主要是指主域名 www.xxx.com 下的二级目录，如 www.xxx.com/wap，但是由于 wap 是一个新的站点，所以正确的域名应该是 wap.xxx.com。但是访问的文件夹却是 www.xxx.com/wap，这种访问则被称之为重定向。

常见的重定向分为 301 重定向和 302 重定向。重定向是一种比较特别的优化方式，因为需要通过代码来实现，从而变相提高权重。所以在特殊情况下，如果使用重定向过于严重，则会被搜索引擎判定为不是正当的优化。

1. 301重定向

301 重定向被称之为永久性重定向，主要是针对一些永久性更改的网站，而且这种重定向一旦做好，将会对网站的优化大有好处。

举例 1　通过.htaccess 配置文件进行重定向

方法：主要采用 mod_rewrite 技术。将以下代码复制到.htaccess 文件中：

```
RewriteEngine on
RewriteRule ^(.*)$ http:              //此处填写你的二级域名网址/$1 [R=301,L]
```

举例 2　Apache 服务器

由于 PHP 开源程序的广泛应用，Apache 服务器也成为了目前主流的服务器。通过 Apache 服务来实现 301 重定向的方法有两种。

第 1 种：

```
<VirtualHost *>
ServerName [URL]此处填写你的二级域名网址[/URL]
RewriteEngine on
RewriteRule ^/(.*)$ [URL]http:        //此处填写你的二级域名网址/$1[/URL]
                                      [R=301,L]
</VirtualHost>
```

第 2 种：

```
<VirtualHost 192.168..*.*>
  Redirect / http:                    //此处填写你的二级域名网址/
```

```
ServerName 此处填写你的二级域名网址
</VirtualHost>
```

2. 302重定向

302 重定向的使用并不多见，它通常被称之为暂时性的转移。302 重定向的使用常见于 meta 重定向和 JavaScript 重定向。而这种重定向是典型的不正当行为，很容易被搜索引擎发现，并将其重定向的网址定义为不合法网站，做出惩罚。

举例 1　meta 重定向

meta 重定向通常是在首页的头部标签处进行重定向，最常见的是网址跳转。

如果我们想要通过 A 网站跳转到 B 网站，那么可以在头部标签处加入以下代码：

`<meta http-equiv="refresh" content="3"; url="http://此处填写你的目标网站">`

该代码的意思是当访问 A 网站 3 秒之后，通过 302 重定向进行网站跳转，并跳转到 URL 中填入自己的目标网站，也就是 B 网站。

举例 2　JavaScript 重定向

JavaScript 是前端常用的一种代码语句，主要实现特效功能，同样在这里也可以实现 302 的重定向。

JavaScript 类型的重定向并不像 meta 类型的重定向那么明确地跳转，只是简单地传递，可以造成一种搜索引擎爬行的假象。想要实现该功能，可以加入以下代码：

```
<SCRIPT LANUAGE="JAVASCRIPT">
    Window.location.href="http:         //此处填写你的目标网站";
</SCRIPT>。
```

3. 小结

URL 重定向一般来说使用的并不多，尤其是对于新手站长而言。但是针对一些公司运营的 SEO 熟手或者技术人员则有必要掌握，通过使用重定向可以节省更多的时间和精力，来保证优化的顺利进行。

4.6.5　URL 静态化

网站的 URL 通常被分为动态和静态两种，而因为程序语句不同，动态的 URL 也分为三种，第一种是 ASP，第二种是 PHP，第三种是 JSP。静态的 URL 则只有一种，那就是.html。所以通常我们可以通过网址来查看该网站是动态网站还是静态网站。

网站虽然被分为动态和静态两种，但是针对 SEO 而言，搜索引擎会经常对网站进行爬行。如要访问动态网站则需要通过访问服务器上的数据库，然后进行数据库的转义才能展现。而静态页面却不需要通过这样繁琐的步骤。对于 SEO 优化而言，静态网站的优化往往更加有利。

1. 为什么要静态化

由于在很长一段时间搜索引擎的技术有限，加上动态网站的负荷较大，所以从最开始的收录来说，搜索引擎都是针对静态网站而言的。这并不是说搜索引擎不会收录动态网站，只不过收录的动态网站因为点击之后的访问速度及其他原因，导致排名较静态网站而言更加靠后。有了这样的习惯之后，越来越多的 SEO 人员纷纷记住了这样的规律：搜索引擎更加倾向于静态网站的 URL 收录。

之所以网站要使用静态化，主要体现在几个方面：更方便搜索引擎的抓取；当用户访问网站的时候，因为是静态网站更方便用户记住，并且通过分享进行传播；静态网站因为只是一个单独的静态页面，并不需要通过访问服务器上的数据库进行转义，只有十几 KB 的大小，所以静态网站的打开速度往往更快；静态网站并没有漏洞存在，一般来说漏洞的存在都是因为代码不够严谨造成的，而静态网站多数以 HTML 的形式展现，所以并不会出现漏洞。

> **说明**：什么是动态网站？什么是静态网站？
> 动态网站：http://www.xxx.com/new.php?Id=1，凡是以"?"为网址的情况下均可以判定为动态网站。该网址的意思可以理解为，该域名下的新闻栏目下的第一篇文章。
> 静态网站：http://www.xxx.com/new/1.html，这种模式就是我们常遇到的网址的模式，所代表的意思和上面的动态网站的意思是一样的。
> 以上两种都可以正确打开该网站下的某篇文章，虽然效果是一样的，但是对于 SEO 优化而言，静态网站更利于收录，也更利于优化。

2. 纯URL静态网站

一般来说不存在纯静态的网站。因为网站是需要维护管理和运营的，如果是纯静态的网站，没有一个合适的管理后台，那么工作量是非常巨大的。当然凡事无绝对，纯静态的网站也是存在的。这种网站一般适用于接触前端人员，他们不懂程序和数据的衔接，更加不懂如何搭建合适的网站后台，只是通过前端代码 DIV+CSS 进行排版，之后上传到 FTP 上。

作者经常在招聘网站的简历上经常看到这种纯静态的网站。例如一些刚毕业的网页前端新手，他们会通过做网站的方式展现自己的技能，让更多的 HR 能够很直观地看到自己的作品。这种类型的网站通常只会有 3~5 个页面，而且每个页面之间也只会存在静态内容。

优点：网站页面简单，没有漏洞，只需要会前端代码即可。

缺点：管理困难，不利于优化，更加不利于后期的维护和更新。

3．开源自带伪静态URL网站

我们现在看到的多数网站都是以.html 为后缀的网站。这种类型的网站通常会让人们错认为这是静态网站。其实这种网站在 SEO 专业术语上称之为伪静态。因为凡是与程序相关的网站都是需要结合数据库的，而涉及数据库的网站就是动态网站。这是为了方便后期的网站优化，所以使用程序的办法进行了伪静态的操作。

由于开源产品的诞生，越来越多的公司开始使用这种类型的产品，因为其使用方便，而且操作简单。在这里推荐大家优先使用 DEDECMS 这款开源产品，它最大的优势就是不需要通过代码操作进行伪静态，而是自带的伪静态生成，是目前市面上最利于 SEO 优化的一款开源系统。

优点：操作简单，学习一些 DEDECMS 教程即可快速上手，直接伪静态利于优化。

缺点：需要有一定的前端代码基础和 PHP 基础，漏洞较多，被攻击的可能性较大。

4．动态URL实现静态URL的方法

主流的开源系统除了 DEDECMS 在设计之初就实现了伪静态之外，其他常见的开源系统，如论坛、商城和博客等开源系统都属于纯动态的网站。这种类型的网站并不利于优化，所以当我们需要做这几种类型的网站时，就需要通过一定的技术来实现伪静态这种效果。

举例：以博客类型 WordPress 为例

复制以下代码至记事本：

```
[ISAPI_Rewrite]
# 3600 = 1 hour
CacheClockRate 3600
RepeatLimit 32
# Protect httpd.ini and httpd.parse.errors files
# from accessing through HTTP
# Rules to ensure that normal content gets through
RewriteRule /sitemap.xml /sitemap.xml [L]
RewriteRule /favicon.ico /favicon.ico [L]
# For file-based wordpress content (i.e. theme), admin, etc.
```

```
RewriteRule /wp-(.*) /wp-$1 [L]
# For normal wordpress content, via index.php
RewriteRule ^/$ /index.php [L]
RewriteRule /(.*) /index.php/$1 [L]
```

将记事本另存为 http.ini 格式,并上传到 WordPress 的安装目录,然后设置好固定的 URL 链接。这样就能实现 WordPress 伪静态了。

优点:模板风格清新,管理方便,安全性高。

缺点:代码要求颇高,一般性修改比较困难。

5. 小结

本节涉及的代码偏多,但是作为 SEO 新手可以选择跳过。我们需要掌握的是 SEO 技术,而并非如何去实现某种程序的某个功能,因为程序代码是需要花费好几年的时间专研的。网站静态化才是我们需要关注的重点。所以在这里依然推荐大家使用开源的 DEDECMS 系统搭建网站,省时,省心,更省力,并且由于其自带的伪静态功能,后期也更利于优化。

第 5 章 关键词优化详解

生活中我们经常将比较重要的事物用"关键"一词来形容，而在网络中同样如此，重要的词语也可以将其定义为关键词。关键词在互联网中可以以多种形式展现，如公司名称、产品名称、价格及问题等都可以用关键词来定义。

关键词的英文是 keywords，如果将网站定义为一个家的话，那么关键词可以形象地比做这个家的门牌号。搜索引擎根据用户所搜索的某个特定的词，然后利用 SEO 的具体算法，将更优的网站匹配到前面。

在这里我们要区分关键词和搜索词，用户通过搜索引擎所输入的词叫做搜索词，而网站所匹配的词叫关键词。关键词根据不同的定义，也可以有不同的分类形式。

5.1 关键词的选择

在网站初期，除了美工、前端和程序的特定技术工作之外，SEO 人员更多的是要考虑网站未来的发展规划。选择什么关键词合适，将决定未来网站的优化程度是否高效，如果选错关键词，将使之后的工作收效甚微，甚至没有效果。

5.1.1 什么是关键词

这里我们所说的关键词主要是指关于网站自身描述的关键词，并不是广义上用户所搜索的词，每个网站的关键词是有限的，但是用户搜索的词却是多变的。网站关键词更多的是针对网站首页本身，当我们给网站定义了某个关键词之后，用户就可以通过搜索引擎找到我们的网站。

网站的关键词代表了公司的品牌、市场定位、营销方向、产品销售及各种服务。如果关键词选择错误，那么后果不堪设想。

1. 关键词与标题内容

关键词永远要与网站的内容相关（如图 5-1 所示），如果你的公司是做金融投资的，但是网站上却放满了各种关于医疗方面的词，那么说明网站关键词没有选对。在做金融投资的时候，我们更应该去找一些和金融相关的词，并且将这些词放在网站上进行优化。

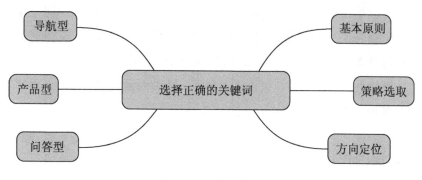

图 5-1　网站关键词

2. 关键词与实力

有多少实力就做多大的事。如果你自己什么都不懂，就幻想做出一个"高大上"的网站，那么劝你还是清醒些吧。因此 SEO 人员除了依靠公司的现有资源之外，还应自己动手做一个简单的网站来磨练自己的实操能力。

所以我们在选择关键词的时候，应尽可能地选一些和自己实力相当的词来做。如果你是单独个体，就做个小博客；如果你在运营一家小公司，那就做地域+公司产品；如果你在运营一家实力雄厚的公司，那么可以直接做热度极高的词来获取后期的回报。

3. 关键词升级

我们最初做 SEO 时，最好不要选择热度很高、竞争力很大的词来做，一是没有足够的实力，二是短时间内也无法获取巨大的流量，三是如果真的获取了巨大的流量，那也无法变现。做 SEO 除了技术的磨练之外，更多的是变现的能力。

如果我们前期选择一些简单的关键词，而且流量也足够饱和的时候，就可以开始扩大自己的团队，并向更难竞争的关键词"攀登"了。当然这需要一个过程，只有足够饱和的流量和利益之后，我们才能挑战热度更高的词。

4．关键词个数

SEO 的工作就像吃饭一样，吃的太多时会吃不下，吃的太少时又吃不饱。凡事都有一个衡量的标准，也可以称为度，把握好这个度，才能将自己的能力最大化。我们可以给网站定义许多关键词，但是需要一步步来消化。

前期我们可以挑选 5～8 个关键词进行优化，这 5～8 个关键词可以涉及自己的品牌、主营业务、合作招商等。这样做的目的是首先吸引一部分流量和客户，同时营造一个良好的口碑，然后再逐渐扩充关键词，最后获取更多关键词的流量。

例如，英语培训、英语辅导、英语周末培训、南山英语培训、南山英语辅导班等关于英语培训的关键词。

5.1.2 关键词的作用

关键词是一个让 SEO 工作者"又爱又恨"的存在，爱它是因为优化好了能够带来足够的流量，这体现在网站的价值和变现的价值等方面；恨它是因为优化难，每个 SEO 工作者都希望自己所做的关键词能够带来巨大的流量，但这并不是人人都能做到的，很多 SEO 工作者稀里糊涂地优化着自己的关键词的时候，却并不清楚网站关键词的具体作用。

1．提高访问量

一个网站如果没有足够的用户群体做支撑，以达到一个品牌连锁效应的话，那么想要提高访问量，还需要依靠搜索引擎通过关键词来访问网站。而如何提高网站的访问量，主要还是根据网站关键词所延伸出来的文章。因为一个网站的大数据存在来源，依靠的就是文章。例如，当我们的关键词定义为深圳英语时，则可以通过关键词的延伸来撰写高质量的原创文章，如"深圳英语培训哪家好？""深圳最好的英语培训班"等。通过这种方法来提高网站的访问量。

2．PR值

也许现在刚入行的 SEO 新手不明白 PR 值是什么意思，其实 PR 值的定义来源于谷歌，是用来表现网页等级的一个标准，和目前百度权重定义相同，但算法大不一样。通过对关键词的优化，可以提高网站的 PR 值，PR 值越高的网站，相同关键词在谷歌的排名就越高。但自从谷歌正式退出中国市场之后，PR 值就没有那么重要了。

3. 省钱

省钱是所有企业最关心的问题。许多企业都会采用两套模式，一套是 SEO 模式，而另外一套则是 SEM（搜索引擎营销）模式。虽说 SEM 模式能够快速带来业绩，提高公司的收入，但成本也非常高。一般企业在 SEM 模式面前都会望而却步，反而会花一些时间去用心经营一个网站。SEO 模式属于长期利益，而 SEM 模式则是付钱就见效，但不一定能转化。

4. 稳定性

通过长时间的积累，只要个人和团队用心地经营所优化的网站，不使用不正当的手法，遵守 SEO 运营的规则，那么在一段时间之后，SEO 所优化的关键词会因为自然流量的排名，取得稳定的排名。而这些稳定的关键词排名，将会在未来（只要搜索引擎不做大数据的更改）都能获得长久的利益。

5.1.3 关键词的品牌价值

除了通过常见的高转化的关键词获利之外，还能从另外一个角度来塑造产品在客户心中的良好形象。现在越来越多的企业开始注重品牌词的维护，品牌词就像名气一样，名气越大品牌越响亮，那么维护起来就越要用心。小企业如果没有长远的规划，品牌词也没有太大的价值。相反，如果希望通过品牌词来达到转化的目的，那么无论是多么小的企业，甚至是个人品牌词的维护也是相当重要的。

1. 网站知名度

品牌词是公司或者个人网站的一个代表性的名字，如百度、阿里巴巴等，想要初期通过品牌词打造足够多的流量，是不太现实的。所以初期，我们需要结合各种营销方法，让更多的用户知道我们的品牌词。当足够多的用户每天都在搜索我们所运营的品牌词的时候，品牌词的搜索指数就会大幅提高，最后可以达到用户跳过搜索引擎，直接来访我们的网站，进行业务成交的目的。

SEO 人员在运营品牌词的时候，一定要注意不要恶意打击对手，恶意竞争带来的后果只会是两败俱伤。同样，还需要时刻注意我们的品牌词是否有负面信息，如果有，要及时消除负面影响。品牌词在没有足够强大的用户做后盾的情况下，任何一条负面信息都会造成巨大的损失。

2. 竞争小

很多人会问：竞争小，是不是就没有市场？一个没有市场的词做了有什么意义呢？其实这种理解也是没错的，只是这种理解方式不适用于品牌词。因为品牌词就像你的公司名称或你自己的名字一样，往往是独一无二的。但是 SEO 人员要清楚一点，如果更多的用户知道了我们的品牌词，那将是百利而无一害的事。

竞争小并不是没有市场，在互联网的世界，一个品牌词经过一传十、十传百后，慢慢地就能塑造出一个认知度高的品牌词。

3. 转化高

做 SEO 的目的其实很简单，除了依靠广告联盟盈利的方式之外，任何一家公司或者个人都是以提供服务或者销售为主，在业内就是转化。直白地说就是，一切网站的 SEO 都是以转化为目的的。相对来说，品牌词的转化率是非常高的。

例如，用户要寻找某种类型的产品，如果他在很多地方都听说了我们的公司，而我们的公司正好在经营这种产品，那么该用户就可以直接通过公司的名称找到我们，并且目的性很强——就是购买公司的产品。这种品牌词带来的转化成交往往会很省时、省心，不用过多地交流就能达成成交的目的。

5.1.4 关键词和搜索词的区别

我们从事 SEO 的过程中，往往会被一些同行误导，错误地认为关键词就是搜索词，但其实并不是这样的。关键词主要是针对网站，而搜索词主要是针对用户，也可以理解为，搜索词包含了关键词。一般人如果不明白二者的区别还可以理解，但是作为一名 SEO 工作者，一定要明白二者的区别。

1. 关键词

前面章节中已经大致介绍了关键词，但并没有完全地说透，因此在这里对关键词再详细解释一下。关键词主要是 SEM 通过付费排名或 SEO 通过自然排名设置的精确关键词。关键词排名是通过这些关键词的设置，当用户搜索的时候所展现的排名。

搜索词可以和关键词一样，但又不完全一样，搜索词往往通过精确匹配、短语匹配及广泛匹配等方式展现在用户面前。

精确匹配：搜索词和关键词完全一样；
短语匹配：搜索词完全包含关键词；
广泛匹配：只要出现关键词中的任何一个相关词即可。

关键词主要是一些专业人士（如 SEO 和 SEM 人员）所关心的，而搜索词则是用户使用但不关心的。

2. 搜索词

搜索词就没有关键词那么重要了，当然如果 SEO 的团队足够强大，也可以将用户的搜索词针对性地优化。但是用户的搜索习惯、方式、地域千变万化，所以想要针对性地优化搜索词也是相当困难的，因为 SEO 人员不可能知道每一个用户会搜什么词。

一般用户会通过两种方式进行搜索：一种是简单的定义，这类词往往通过百度百科来完成；另外一种是相对来说比较长的词，这种长搜索词都伴随着相关问题的出现，因此疑问词也就成为了用户搜索词中的常见词。

3. 二者区别

关键词和搜索词的区别主要体现在：关键词是网络营销人员使用的，而搜索词是用户产生需求的时候所使用的，用户一般不会关心和了解这些搜索词的定义，他们想要的很简单，即通过自己所提的问题，在搜索引擎上找到自己想要的答案。

SEO 人员定义的关键词往往是为了营销的目的，而搜索词是根据用户需求产生的。二者的差异非常小，但是如果能明白二者之间的差异，对 SEO 人员来说也是有很大帮助的。

4. 搜索词的作用

搜索词不仅仅是用户使用，有时 SEO 人员也会使用。当 SEO 人员在查找目标关键词的时候，百度往往会根据用户所搜索的关键词进行扩充，而扩充出来的搜索词，也可以作为关键词的重点优化对象。

5.1.5　关键词应该出现在哪里

每个网站都必须遵守搜索引擎的规则，这样才能得到搜索引擎的青睐。而做 SEO 更关心的是关键词出现在哪些地方才更加有利于优化。一般关键词常见的位置有标题中、头部标签中、文章内容中及图片标签中。

1. 网站标题中

这里所说的网站标题，并不是像文章标题那样能够给用户看，而是写在相应的代码中，供搜索引擎看的。尤其是对百度搜索引擎而言，百度会给首页的标题相当高的权重。而网站的标题，一般最多为 1~3 个为好。因为标题是关键词的扩充，这个扩充可以理解为用户常用的搜索词。

百度只会收录标题的 80 个字符，也就是 40 个汉字。但是由于搜索引擎展现的标题字数是有限的，所以最好控制在 20 个汉字左右。每个标题用下画线隔开，以方便搜索引擎识别。

举例：英语培训_南山英语培训_南山最好的英语培训班_深圳南山 xx 英语培训公司。

2. 头部标签中

头部标签一般有 3 个，除了标题之外，剩下的就是关键词和网站描述了。这里的关键词是指代码中的 name="keywords"，而网站描述也是指 name="description"。百度蜘蛛通过爬行这两段代码，以便对网站进行整体定位。

举例：英语培训，南山英语培训，南山最好的英语培训班，深圳南山 xx 英语培训公司。

3. 文章内容中

如果说我们做 SEO 是针对性地优化网站的某些关键词，那么网站每天所更新的文章就是为这些关键词做的扩充服务。当公司的文案或者个人进行文章更新的时候，最好将关键词也填充进去，这样不仅提高了关键词的密度，更提高了网站关键词的排名。

举例：现在越来越多的孩子想要学习英语，而因为选择难的问题却一直搁置。如果您的孩子位于南山附近，即可报名深圳南山 xx 英语培训班。

4. 图片标签中

百度现在不仅能收录文字和图片，还可以收录视频，当然，主流而且方便的还是文字搜索。百度现在正在大力扩充图片搜索功能，并对图片进行优化。搜索引擎是无法识别图片的，但是我们依旧可以让搜索引擎进行图片的收录，只需在插入图片代码之后，输入 alt="图片定义"。当百度蜘蛛进行网站爬行收录的时候，就能通过该标签进行图片识别了。

举例：<img src"图片名称.jpg" width="宽度大小" height="高度大小" alt="图片名称" title="图片名称">。

5.1.6 寻找关键词的方法

在确定好网站核心定位并了解了关键词之后,我们就要开始进行关键词的查找了。有些 SEO 人员会比较随意地确定网站的关键词,甚至有些 SEO 人员会认为 SEO 只不过是在后台填写关键词,然后在前台生成就可以了。确定关键词,并不能单一地靠自己的想象来定位,而是要通过更加精准的数据进行查找、分析,来保证哪些词可做,哪些词没有必要做。

接下来为大家介绍 5 种常见的找寻关键词的方法,分别是百度下拉、相关搜索、站长工具、百度指数及关键词挖掘工具。

1. 百度下拉

百度下拉主要是百度根据用户搜索词的习惯而给出的联想关键词服务,主要目的是用来提高用户的搜索效率。当某些用户在使用百度搜索的时候,可能不知道如何表达自己的问题,于是百度下拉就给这些用户提供了方向。百度下拉显示的关键词,一般都可以作为网站关键词的核心数据,如图 5-2 所示。

图 5-2　百度下拉关键词

2. 相关搜索

相关搜索主要是针对某个特定的关键词,在搜索时百度会给出一些其他用户经常搜索的词,给用户一些参考价值。相关搜索有点像近义词,而且是其他用户搜索过的。如图 5-3 所示为"英语培训"的相关搜索。

3. 站长工具

在站长工具中有一个在线的关键词工具(当然也可以使用在线词库工具),可以帮助用户很有效地找到合适的关键词。如图 5-4 所示为使用站长工具中在线的关键词工具统计出的"英语培训"相关长尾关键词列表。

图 5-3 "英语培训"相关搜索

关键词	PC指数	移动指数	360指数	趋势	搜索结果	第一位网站（页面）	长尾相关
英语培训	351	2986	766		9160000	tieba.baidu.com 英语培训吧_百度贴吧	W
英语培训班	213	1933	68		1420000	map.baidu.com 在泉州市搜索英语培训班_百度地图	W
英语培训价格	181	1798	302		134000	www.tingclass.net 英语培训班要多少钱,英语培训班价格,专业的英语培训班..._听力课堂	W
英语口语培训	236	1545	176		734000	tieba.baidu.com 英语口语培训吧_百度贴吧	W
英语培训机构	246	1232	153		2870000	www.ef.com.cn EF英孚教育官网,全球少儿英语,儿童英语,成人英语培训专家	W
幼儿英语培训	151	1206	297		623000	www.tingclass.net 少儿英语培训排名,少儿英语培训机构最新排名-听力课堂	W
英孚英语培训费用	42	1238	0		2260000	www.tingclass.net 十大英语培训费用,十大英语培训机构排名,英孚英语培训费用-听力课堂	W

图 5-4 "英语培训"相关长尾关键词列表

4．百度指数

百度指数更多的时候是用来进行分析，而并非查找。在百度指数上查找的关键词，可以有效地展示该关键词的指数高低、竞争力度及相应的关键词推荐。如图 5-5 所示为在百度指数上查找的"英语培训"的关键词。

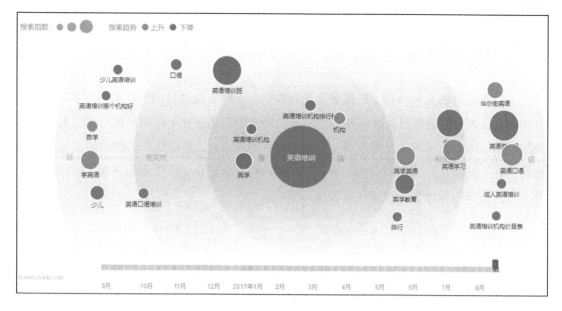

图 5-5　百度指数

5．关键词挖掘工具

关键词挖掘工具和前 4 种不一样，其属于一套可下载的程序软件。当我们下载该工具之后，同样可以根据该工具查找出与关键词匹配度高的词。

5.2　关键词的分类

关键词的分类方法有很多，就像人类可以按照性别来分，也可以按照年龄来分一样，关键词也可以根据不同的类别进行分类。SEO 通过对关键词的分类，一方面可以很好地定位自己的发展方向，另外一方面也更利于细化和优化。

我们可以根据关键词的不同属性进行不同的分类，目前常见的分类方法有 3 种，分别是根据热度分类的热门关键词、一般关键词、冷门关键词；根据长短分类的短尾关键词和长尾关键词；根据主副分类的主要关键词、辅助关键词。除此之外，还可以将关键词分为泛关键词、别名关键词、时间关键词和错别关键词、问答关键词等。

5.2.1 热门关键词

热门关键词的意思特指一些搜索量比较高的词,搜索量高证明知道的用户多,产生的需求就会提高,但是热门关键词并不一定就会带来绝对的转化。在用户进行热门关键词搜索的时候,这个关键词代表的并不一定就是用户的需求,如英语这个关键词的搜索指数一直维持在 8 000 以上,但是这个数字并不一定就能产生转化。所以我们在做 SEO 的时候,并不是什么热门做什么,而是什么转化高做什么。

1. 影响

热门关键词并不是固定的,除了那些经过互联网多年的"打磨"才形成的浮动不是很大的热门关键词之外。当然,热门关键词的出现也标志着大数据流量的产生。

全新的热门关键词往往会根据社会反响而定,这些热门关键词会在短时间内通过某些公关公司或者大量用户进行曝光,那么这个时候关键词的热度会达到一个顶峰,如电影《战狼2》及各种网红。

2. 利益

热度越高的关键词带来的流量就越大,相对的利益也就越高。许多网站之所以获利,不仅仅是通过业务成交来达成的,也有许多知名的大型网站,会展示各种广告联盟来获利。广告商会根据每次用户所点击广告的单价×不同用户点击的次数,付给网站站长相应的广告费。

例如:英语、电商、医疗、SEO 等均属于热门关键词。

5.2.2 一般关键词

一般关键词特指某个地域性的词,如"深圳英语培训"等,这种关键词其实才是 SEO 重点优化的对象,而不能单一地只看百度指数上的热度,认为关键词越热门带来的流量就越大,这是一个错误的观念。

1. 目标用户

虽然现在互联网发展的速度很快,但是除了电商可以通过快递来解决地域问题之外,许多行业的潜在用户还是在当地,如培训班和医院。作为一个中小型公司的 SEO,重点针对地域来进行优化扩充,反而会取得更好的效果。

2. 竞争力小

相比全国市场,地域市场更容易做。现在有很多 SEO 人员不太倾向于一线城市,因为竞争较大。相反,中小城市成为了更多 SEO 人员的选择,一方面是竞争小,另一方面是做起来有效果,压力也没有一线城市那么大。

例如,深圳英语培训、深圳电商加盟、深圳医疗机构、深圳 SEO 辅导等,均属于一般关键词。

5.2.3　冷门关键词

冷门关键词并不是没有用户搜索过,而是用户搜索的次数很少,甚至一个月也没有几个用户搜索过。但是相对来说,冷门关键词的用户对象都特别明显,如深圳××英语培训联系方式,这种词夹杂着地域、品牌、行业及特定需要的词。

1. 利于优化

冷门关键词是非常利于优化的,太冷门的词甚至不需要专门优化就能排上首页。但是我们在寻找冷门关键词的时候,不能选择太过冷门的词,虽然冷门的词排名效果是不错的,但如果没有任何搜索量也就没有意义了。

2. 引流入口

冷门关键词一般可以作为前期引流的入口,是相比热门关键词而言的。热门关键词对于一般的新站而言处于一种绝对的主导地位,新网站很难通过热门关键词来获取好的排名,这就导致了新网站毫无流量可言。所以我们可以优先使用一些较冷门的关键词,然后做好网站的内部优化,至少可以保证有流量的展现。

5.2.4　短尾关键词

短尾关键词主要是根据关键词的长短而定的,其在优化上存在一定的难度。一般的短尾关键词是 4~8 个字符,也就是 2~4 个汉字。短尾关键词,不再是单一的行业词,更多地体现了行业的竞争。例如"英语"这个词属于行业词,而"英语培训"就属于短尾词了,因为做英语培训的公司太多太多了,这就是行业竞争的体现。

1. 难度

短尾词优化的难度并不比热度词低。短尾词经常会出现在网站的核心关键词中,优化短尾词的时候不仅要通过大量的信息来搭建完整的数据结构,更要分布引流策略。

2. 定位

短尾词不能随便定位,而要根据网站的服务进行定位。例如你的网站是做英语培训的,那么就应该从英语培训的相关方面来考虑,而不是英语书籍、英语家教等。

5.2.5 长尾关键词

长尾关键词相对来说是除了核心关键词之外最重要的词组了,主要是通过一些非核心关键词与核心关键词的相互组合,来获取更多的流量。

长尾关键词的特点是比较长,一般绝大多数的 SEO 人员会将这些长尾关键词融入文章标题中,进行文章页的优化。长尾关键词的重点是要有延伸性、针对性强、范围广。长尾关键词遵守"细长"原则,细指的是市场并不充足,而长指的是虽然市场并不多,但用户的目的性却很强,达成的效果也非常明显。

1. 选择

在固定好核心关键词之后,SEO 人员做得最多的工作就是搜索长尾关键词。搜集长尾关键词的方法,往往是要站在客户的角度去考虑,也就是将自己想象成客户,去感受客户会通过什么词进行需求的搜索。

常用的方法主要有:根据用户的需求及网站的定位来选择;根据竞争对手的网站关键词进行选择;根据核心关键词的相关搜索词进行选择。

举例:深圳南山某公司从事的是英语培训业务,该公司的负责人找到我之后,我了解了一些基本的情况后,便开始对该公司的网站进行定位和关键词的选择分析。

英语培训班更多的是作为线下教学,所以一般来说一家中小型的英语培训机构只需要做好周边的用户即可。经调查发现,该英语培训机构周边有初中和高中 4 所学校,而开设英语培训的机构却没有,这就是一个很好的切入点。

通过地点"南山"加行业"英语"及"服务培训",可以得出"南山英语培训"为主要关键词。随后我在百度"相关搜索"中可以查到哪些关键词是用户更喜欢的,如图5-6所示。

这个时候基本可以确定"南山英语培训"这个长尾词,随后可以根据该长尾词进行扩充,最终将网站的标题定义为"南山英语培训_南山周末英语培训班_南山区外教英语培训"。

定义这种关键词的好处在于,将公司的实力及所能接受的人群最大化。对于一家中小型的培训机构来说,主要应针对当地周边的一些学生,所以我们不要为了获得更高的流量,将关键词定的太多、太长,往往这种精准的关键词才更有价值。

图5-6 百度"相关搜索"

2. 技巧

长尾关键词除了做站群技术之外,绝大多数都出现在文章页,作为文章页的标题形式出现。所以,在我们定义长尾关键词的时候,应尽量关注文章内页的收录情况。一般来说,一个权重在2以上的网站能够做的相关长尾词都能很好地排到首页。

5.2.6 主要关键词

主要关键词与热门关键词可以定义为一个意思,主要关键词是针对网站而言,尽量选择一些有指数的关键词,这样方便使用站长工具查询相应的流量。主要关键词往往和网站的定位直接相关,可以选取一些短尾词来作为主要关键词。

主要关键词的设置和网站定位及用户的搜索习惯有关。在定位好主要关键词之后,就可以在网站的头部分进行代码添加。当然,一般使用的网站开源程序,在系统参数里都可以进行网站标题、关键词及描述的填充。

例如:英语、SEO、电商、医院和教育等均属于主要关键词。

5.2.7 辅助关键词

辅助关键词是对核心关键词相关的解释,根据字面意思可以理解为是对主要关键词的补充。辅助关键词并不限制数量,但必须是与核心关键词相关的。辅助关键词是为了更好地对核心关键词进行优化,将一些对核心关键词有开发价值的用户吸引过来,而进行的维护和开发工作。辅助关键词并不一定是有转化的词,只要是与核心关键词相关的都可以算做辅助关键词。

辅助关键词不仅可以是某个特定的词语,也可以是相关的短语。我们可以根据用户的搜索习惯来进行辅助关键词的扩充。

例如:英语培训哪里好、SEO在线学习、电商加盟机构、深圳哪家医院好、教育培训招生怎么样等短语均属于辅助关键词。

5.3 关键词的定位

在做网站优化的时候,对网站关键词的定位分析往往是重中之重。网站关键词的定位往往是与网站内容相关的词语,如果推广错误的关键词,不但浪费时间而且无法达到自己想要的效果,最终只会让公司对网络失去信心,相应的SEO人员也要面临着下岗危机。

在进行网站关键词定位的时候,一般会从网站的核心数据考虑。例如,公司的产品、提供的服务、主营业务,以及客户会通过什么关键词来查找。另外要分清楚哪些是流量词,哪些是转化词。只有弄清楚了这些问题之后,我们才能更加有效地进行SEO优化。

5.3.1 关键词的结构特征

在确定好网站的关键词之后,我们就要将这些关键词进行合理地分配。在非官方的定义中,关键词给出的结构往往需要符合正三角结构,然后将进行每一个层次的各个关键词进行分组,只有分组明确、结构清晰的网站,才能让 SEO 的作用更彻底。

1. 正三角结构

正三角结构其实和前面章节所提到的首页、列表、内容基本一致,而正三角结构就是说首页数量小于列表页小于内容页。在首页,往往会使用一些核心的关键词来固定网站的整体结构;列表页往往会根据核心关键词衍生出相应的产品、需求及各种服务;内容页主要是针对核心关键词的一个延伸来进行网站的日常运营和维护。

案例 5-1

深圳某模具塑料公司主营业务为模具外壳加工。在选取首页关键词的时候确定了以下一些关键词"深圳模具加工,深圳模具制造,深圳开模,深圳注塑加工",首页的关键词选择,可以理解为正三角的塔尖结构。

首页关键词固定之后,开始针对列表中的关键词进行扩充,列表页多用于说明一些具体的产品,如该公司经营平板电脑外壳、排插外壳、充电宝外壳,游戏机外壳等。作为正三角结构的中间部分,列表页往往以产品居多,这个时候对应的产品列表的关键词就可以为"深圳平板电脑外壳加工,深圳排插外壳加工,深圳充电宝外壳加工"等。

内容页并不涉及具体的关键词,其往往通过标题直接展现给用户。这时候需要根据产品进行标题的撰写。例如"深圳平板电脑外壳加工哪里好""深圳平板电脑外壳加工多少钱"等,针对用户的需求所制定的标题,往往更能得到用户的青睐。

首页"深圳模具加工",列表页"深圳平板电脑外壳加工",内容页"深圳平板电脑外壳加工多少钱",这样一层接一层的细化,就是根据网站的正三角结构制定出来的。

正三角结构是根据层级的加深而来的,就像正三角形一样,每一个点都有自己的作用。

2. 分组

除了首页的核心关键词之外,剩下的都要进行分组来分配到每个对应的列表页。例如,核心关键词为英语,那么可以在剩下的列表页进行分类,如听力英语、英语口语、商务英语等。之后再根据此种分类,进行三级文章分类。

3. 注意事项

在固定好网站关键词之后,需要注意的是,我们在网站页面中不能过多地展现关键词,一般维持在 2 个或 3 个即可;每个关键词尽量围绕当前栏目下的内容进行单独优化,不要出现一个页面多个不同关键词的情况。网站 SEO 要细化到极致，从每个栏目、每个版块进行优化，才能保证流量的稳定上升。

5.3.2　关键词的设计方法

通常来说，关键词能够做到相关度的匹配，能够让用户通过特定的搜索词联系并且连接到我们所优化的产品、服务、企业等，而关键词的设计通常需要从用户和对手的角度出发，谨慎选择通用关键词和关键词的扩展。

1．用户的角度

从用户的角度来考虑是最重要的。想要将自己的产品销售出去，首先要换位思考，从用户的角度考虑，进行关键词的区分，将自己想象成用户，想一想会通过哪些搜索方式进行查找。

2．对手的角度

一个好的敌人胜过十个好的朋友。当清楚了用户需求之后，还需要了解竞争对手会怎样设计关键词，这些往往会给我们一个新的方向。当然，我们优选的竞争对手也是和自己"旗鼓相当"的，只有这样才能更加直观地分析出对手设定的关键词到底是否有价值。

3．谨慎选择通用关键词

通用关键词一般特指那些很多竞争对手都做过的、需要我们从中找到差异化的关键词。例如，多家英语培训公司都做了"深圳英语培训多少钱？"的关键词搜索，那么作为一个新的网站，可以从另外一个角度来考虑，例如，"深圳英语培训费用是多少？"，以此为例，尽量将一些大部分公司都会用到的词区分开，以保证自己有足够的竞争力。

5.3.3　特色关键词

任何一个关键词都不是固定不变的，而是不断地会衍变出新的关键词。我们知道关键词的对象是用户，而用户的搜索习惯也是关键词产生的主要来源。尤其是现在的年轻人，问问题越来越直接，并且会搭配一些不同的词来直接搜索，而这些关键词也能带来流量，因此 SEO 人员在考虑关键词定位的时候，必须将这种类型的关键词也考虑到。

1．排列组合

关键词的排列组合是多样的，我们根据不同的排列组合可以得到不同的流量。例如，行业+方法+地名的形式，如英语培训深圳；也可以是地名+方法+行业的形式，如深圳培训英语。再如，地名+行业+方法的形式，如深圳英语培训。不同的组合都可以为我们的网站带来不同的流量和访客。

2．关键词数量

在网站 SEO 中最忌讳的就是大面积使用相同或不同的关键词，这样搜索引擎完全无法判断哪个是重要的还是说每个都是重要的。一篇文章中往往只能存在一个关键词的扩充，而一个网站的主题，也只能存在 3 个左右的关键词。

3．地域关键词

由于 SEM 可以有效地控制地域的投放，针对当地用户进行推广排名，这样就导致了 SEO 的自然排名是不会分地域的。所以我们在做 SEO 关键词优化的时候，可以加上地域，以求更加精准。例如，深圳南山某户人家的孩子要上英语培训班，他可能会在搜索引擎上查找"深圳南山哪家英语培训好"或者"南山哪家英语培训好"，这样的地域关键词，往往更精准，竞争度也会更小。

4．高转化关键词

在做行业选择的时候，很多公司会优先选择利润高的行业进行关键词的扩充。例如，作者曾经见过一家通过互联网平台进行海景房销售的创业公司，不到三个月该公司就倒闭了。在很多情况下，我们需要通过对行业的了解进行网站的判断，并不是利润越高越好，而是转化越多越好，才越适合。这就是为什么企业看重的不仅仅是利润，而是转化的原因，只有转化量高，才能带来更高的利润。

哪些属于转化量高的词呢？一般，转化最高的词就是与费用相关的。当客户咨询费用的时候，说明客户已经有了消费的想法，而这种与消费相关的关键词就是高转化的关键词。

举例：核心+费用的形式，如"英语培训多少钱？""英语培训的价格"等。

5．关键词拓展

作为一名合格的 SEO 人员，要思维灵活，不能将 SEO 当做一份固定的模式，而要不断地进行筛选、分析、剔除、增加等一系列步骤的操作。将已经优化稳定的关键词筛选出来，分析没有优化好的关键词是否还有必要继续优化，或者直接剔除那些难以优化或没有价值的关键词，最后通过不断地寻找来扩充关键词，就像打仗一样，不断地扩充自己的领土。

5.3.4　3个核心关键词

可能许多 SEO 新手，对于关键词的定位感觉很难，更不用说核心关键词了。一个好的核心关键词将会在后期带来巨大的流量，而一个差的核心关键词同样也会将网站带进"坟墓"。核心关键词的特征有：核心关键词一般作为网站首页的标题出现；核心关键词一般名词居多；核心关键词在搜索引擎里的变化趋于稳定；核心关键词的用户往往处于对该网站的了解阶段；网站的所有内容，主要围绕核心关键词展开。

核心关键词为什么是3个呢？

核心关键词的多少，直接决定了网站优化的难易程度，并不是核心关键词越少越好，也不是核心关键词越多越好。如果核心关键词只有一个，那么其所扩充的词也是有限的，因此现在极少有公司只优化一个核心关键词了。例如"×英语公司"，该公司就只做英语吗？英语是一个行业划分，里面还包括各种如口语、听力等具体的细分业务，而对于"××英语公司"的定义显然是太笼统了。同样，如果一个行业的核心关键词过多，那么优化起来也是相当困难的。

我们不仅要考虑优化的难易程度，更要结合自身的实力，从优化的角度逐个击破。如果我们的3个核心关键词及扩充的长尾词、品牌词、高转化词等都达到了饱和的流量，那么这个时候做 SEO 就可以继续考虑新的关键词了，这种做法多用于公司运营规模比较大的行业。

5.3.5　网站相关度

我们在定义好网站的关键词之后，一定要切记不要在网站里添加一些没有意义的内容，更不要随便和不同行业的网站交换友情链接，因为这是不可取的一种做法。现在做网站并不是权重越高，就越能得到搜索引擎的"喜欢"，而是行业相关性越高、权重越高的才是有价值的友链。搜索引擎正在从全局领域，逐渐地细化成行业领域。

1. 取消无关信息

在进入一些网站的时候，首先映入我们眼帘的除了 banner 图之外，最重要的就是导航栏了。而导航栏又是一个对于优化来说重中之重的地方，导航栏里的词往往会成为搜索引擎优先眷顾的对象。因为一般来说导航栏就是我们的子目录，子目录的优化也是相当重要的。

在导航栏中，除了首页及各种子栏目以外，许多公司会将公司介绍、招聘信息及联系方式放在导航栏上，其实这些都是没有必要放上去的。我们可以将这些信息均匀地分布在网站的某些位置，如果想要引人注意的话，可以放在网站底部。有些公司可能会困惑，如不放这些信息，那么导航栏岂不是空荡荡的？这里作者建议如果一定要放这些信息的话，最好使用 nofollow 标签，对百度蜘蛛进行屏蔽，这样就可以有效地剔除一些没有用的信息。

2. 页面与页面相关

百度蜘蛛搜索网页的形式是根据代码超链接搭建一座互通性的桥梁。搜索引擎判断网站是否足够稳定的前提就是网站的每个页面与页面之间是否相关，页面与核心关键词是否相关。如果在某些页面的介绍中既不与主题相关，又不与页面相关，那么可以使用一些 JavaScript 代码进行外部链接，而百度蜘蛛是不会抓取 JavaScript 代码所引来的文件的。

3. 小结

一个网站关键词的相关度往往可以决定该网站在搜索引擎中的地位。例如，一个做英语培训的网站，如果网站上出现了德语、法语等语种信息，那么就没有相关性；相反，如果出现了英语听力、英语口语、商务英语等，就是相关性比较高的网站。

5.4 关键词优化

关键词优化主要是根据网站的定位词汇，通过网站合理的 SEO 及外链引流，使网站获取更高的排名。在现今的网络营销中，关键词带来的流量占据主导地位。随着互联网技术的发展，百度搜索引擎的 SEO 方式也逐渐成型，更多的体现在根据搜索引擎的变动而不断完善。

网站的关键词优化可以从两个方面来看,一方面可以定义为为搜索引擎优化,这种方法更多的是考虑搜索引擎这一程序;而另一方面则可以说是用户体验。后一种是在配合前一种搜索引擎优化的基础上进行的扩充。

5.4.1 为什么要做关键词优化

在20世纪90年代以前,几乎所有的行业都是实体模式,当时没有人会想到通过网站来达成交易。随着电商行业的兴起,带动了更多的其他传统行业在互联网的发展。

1. 原因

电商行业的兴起,带动了更多的商务贸易,而有些传统行业是无法通过电商平台来进行贸易往来的,所以独立的企业网站成了当时这类企业的首选,随后又演变出了各种如教育、医疗的独立的产品网站。

但是某类行业并不是只有一家企业可以做,越来越多的企业看到了互联网带来的价值,于是纷纷投向互联网,以便能够通过自己的网站带来更多的利益。只不过搜索引擎的展示页面是有限的,用户的习惯也是固定的,于是百度搜索引擎就定下了关键词优化得越好,排名越靠前的机制,而影响这些排名的因素如图5-7所示。

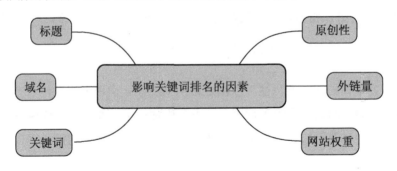

图 5-7　影响关键词排名的因素

一般比较好的排名为搜索引擎的1~3页,而用户基本只会对首页的网站进行访问。

2. 目的

通过关键词优化的核心目的其实很简单,主要是希望网站的核心关键词在百度等搜索引擎上获取更好的排,以此让更多的用户访问自己的网站,提高流量并进行广告联盟的变现,以及客户消费的变现模式。

具体来说，在这个全民互联网的时代，如果网站的关键词排名越高，那么相应的网站曝光度和知名度就越高，这样就可以将自己的企业利益最大化。如果你的网站占据了核心地位，或许会得到一些投资者的青睐，这在网络时代并不是没有可能的。

5.4.2 关键词优化技巧

SEO 和所有需要学习的知识一样，在操作上都可以归于死板的技术，但是要想做得更好，就需要一定的技巧了。掌握关键词的优化技巧正是做好 SEO 其中最重要的一项。关键词的优化技巧并不多，主要是针对网站而言，网站关键词的优化，就像一个人的身体，好的身体才有成功的可能。

1．站长思维

每个网络站长思维都是不同的，现今互联网上的网站站长可能多达数千万，但是有"站长思维"的人也许并不多。所谓站长指的是拥有自己的域名和空间及网站的人。从 SEO 的角度来看，可以将自己做网站的站长称为技术型站长，做站长的人很多，具有站长思维的人却很少。

其实真正具有"站长思维"的人才是一名合格的 SEO 工作者。提到思维相信大家都明白了，SEO 并不仅仅是一门技术，技术只是能带你入门，真正依靠的除了技术之外，还需要有"站长思维"。"站长思维"一般包括：每天思考、增加有效链接、有一定的文笔能力，最好保持一颗平静的心。

2．切忌优化过度

许多 SEO 新手会将优化当成一门技术，所以他们希望通过看书的学习方式来提升自己的 SEO 技术。但其实这种方法并不科学。每个人的经历不同，经验不同，传授的知识点自然也不同，那些真正做得好的 SEO 人员会选择适合自己的方法，而一些新手则会不断地重复别人的方法，最终导致的结果就是优化过度。

优化过度反而更容易受罚，这就好比吃一点饭的人不一定会很快饿死，但是如果每天吃得很撑的人，有可能会撑死。

优化过度的现象常见于：不停地重复发布相同的文章；外链很多，其中质量好的外链却很少；页面掺杂各种 SEO 代码；刻意堆砌关键词。

什么样的网站可以定义为优化过度？优化过度永远只会针对小型网站，如果网站栏目偏多，网站文章偏多的情况下是不会出现优化过度的。

例如，某公司网站在改版之后，一个礼拜之内关键词"户外运动"就做到了百度首页，一些相关的词汇也有了很好的排名，但是在维持了一段时间之后，由于优化过度产生了负面影响，所有关键词均下滑至 100 名之后。

后来有朋友问我是如何判断网站优化过度的。我是通过以下几点来判断的。

- 该网站并未使用静态化程序；
- 网站改版完成之后，各个需要优化的部位填充了大量的首页链接；
- 网站外链通道太过单一，导致没有其他第三方引流；
- 短时间内增加的友链太多。

以上 4 点，除了第 1 点之外，剩下的 3 点都出现了优化过度的情况，而百度是不能容忍如此多的优化过度情况出现的。如果网站出现优化过度的情况，我们该如何挽回呢？

- 持续更新有价值的原创文章，或修改有价值的伪原创文章；
- 排查掉一些没有必要的友情链接，如网站打开速度过慢；
- 多收集有价值的外链平台，多发布能够获得排名的原创文章。

通过以上几种办法，持续两三周之后，网站的关键词排名大多数都会有所提升，持续一个月之后，许多关键词也会恢复到曾经的排名位置。

3．拆分技巧

中国文化博大精深，一个词可以拆解为很多相同的词。拆分在 SEO 关键词优化中也是比较常见的技巧，而且这种技巧往往会收到更多的流量。

例如"深圳英语培训"，如果这个词在当地也具有一定的竞争力，那我们可以利用拆分技巧来进行引流优化。可以将其拆分为"深圳英语培训哪里好""哪里的深圳英语培训好""深圳英语培训好的地方"等。

4．穿插技巧

穿插技巧主要是针对文章而言，一篇文章有开头必然有结尾，在 SEO 优化关键词的技巧中，我们往往会用到这个方法。

例如，搜索引擎在搜索文章的时候，首先查看的是文章的标题，所以我们有必要将核心的关键词展现在标题中，然后是正文。因此，我们可以在正文中穿插 1 或 2 个关键词，并用加粗、红色显示等方法，引起搜索引擎的注意。

5.4.3 关键词排名的区别

我们在做关键词优化的时候，往往会准备一款 VPN 软件，该款软件的用法在这里不详细阐述。该软件主要作用就是切换本地的 IP，以方便查看除了本地以外的排名。

搜索引擎是在不断优化的，当许多网站出现了根据用户搜索习惯，优先展示优化所需要的信息时，搜索引擎也将开始进行这方面的布局了。

搜索引擎的强大就在于能够将最小化的程序发挥至最大的作用。搜索引擎不仅仅在网站首页上能够展现用户的喜好，还能根据不同的地域进行不同的排名，但这种方法并没有完全展开，如果这种方法开始普及，那么 SEO 就会更加轻松了。

5.4.4 首页标题优化

一个网站的首页就相当于一个人的脸面，因为我们看一个人的时候，首先看到的是对方的脸，相对的搜索引擎优先的参考对象就是标题了。一个网站标题优化得是否足够好，从长远的角度来看直接关系到网站的排名是否能持续上升。既然网站的标题如此重要，那我们需要从哪些角度来优化，才能使它足够完美呢？

1. 设置原则

新手站长往往易犯的一个错误就是，每个页面都设置为相同的关键词，这样他们会认为只要优化一个词，其他的页面就能排上去。可惜的是，搜索引擎是很"专一"的，首页有首页的设置方法，其他页面有其他页面的设置方法。如果多个页面都设置为相同的关键词，那么搜索引擎只会直接放弃，而不是持续"喜爱"。所以当我们设置网站首页的时候，一定要切记其他页面不能出现与首页相同的关键词。

2. 设置技巧

在设置首页标题的时候一定要注意标题读起来必须通顺，更不能频繁地使用一个标题。标题设置得好，往往会更加利于搜索引擎的排名，当然也必须考虑到是否堆砌严重。标题重复是可以的，但是不能堆砌。例如，重复的标题设置"英语培训_深圳英语培训_深圳英语培训机构"，这里重复了"英语培训"，是可以的。在这里需要注意的是，标题的重复只能在 3 次以内，这是对于目前的搜索引擎来说最有效的一种设置方法。

3. 标题字数

搜索引擎为用户展现的一般都是用户所搜索的关键词的相关匹配词，而这些相关匹配词可以展现标题，标题是否醒目、是否吸引人，都是引导用户访问网站的因素。当然还有一个更加重要的因素，那就是标题字数。搜索引擎的显示是受显示屏限制的，所以有必要控制标题的字数，否则很多核心的数据都无法展现。

现在主流的搜索引擎如百度都是将标题控制在 30 个字以内，多余的就无发显示了。而有一些不懂 SEO 的网站，往往会将许多无用的关键词放在上面，如公司名称、公司地址等，这都是不可取的做法。

4. 标题排序

既然搜索引擎给出了最大字数的控制，那么我们就要根据自己的网站定位，合理利用好这 30 个字。虽然百度引擎给出的定义是不超过 30 个字，并不是一定要有 30 个字。例如有一些网站只经营一种产品，那就没有必要刻意地堆砌到 30 个字，这样没有任何好处。

标题的排序往往和产品有关，因为搜索引擎更青睐的是产品，而不是公司名称，所以当我们进行标题撰写的时候，应尽量将网站的产品放在前面，公司名称放在最后。

5. 特殊符号

前面讲到了设置技巧，如"英语培训_深圳英语培训_深圳英语培训机构"，这个时候我们会看到每个标题都用了下画线隔开，这是搜索引擎所做的一个区分，即关键词用英文状态下的逗号隔开进行区分，而标题则是用下画线进行区分，每出现一次下画线，表示一个标题。

一般，百度给出的标题特殊符号有"-、|、》、_"而在这里推荐的依旧是下画线。

6. 切忌频繁修改标题

频繁地修改标题，则会直接将自己的网站"打入地狱"，所以，当我们确定好网站的标题之后，一定不要轻易去修改了。如果你频繁地进行网站的标题修改，则会使搜索引擎无法进行准确的分类，搜索引擎会默认为你的网站不稳定，主题不明确，是一个没有意义的站点。一旦出现频繁地修改网站标题时，网站会被直接降权，想要再恢复，基本是不可能了。

举例：某英语培训公司开始将网站的关键词定义为"英语培训_英语辅导_南山英语培训班"，做了一段时间之后，发现"英语培训"的关键词不好做，于是改为"英语学习_

英语培训班_南山最好的英语培训机构"。这样频繁更改网站标题,很容易导致网站无法正常优化,所以当我们确定好网站关键词和标题之后,就不要轻易再修改了。

5.4.5 二级分类优化

二级分类是网站首页核心关键词的子类,如网站的核心关键词是"英语",首页的核心优化可以围绕"英语"进行展开;而二级分类则可以是"英语口语、英语听力、商务英语"等。虽然二级分类的优化并不被用户看重,而且二级分类的优化确实也没有那么重要,但也很有必要进行优化。

二级分类往往是以频道和列表页来展示,这就导致一方面用户不能通过首页的全面性快速了解网站的信息,另一方面用户也不能通过文章页详细了解自己所需要解答的问题。两者相结合,就导致了二级分类的优化并没有那么重要了。

1. 导航栏

一个网站的二级分类优化,并不是从二级栏目的网址开始的,而是应该从首页的导航栏开始,网站的导航栏是除了三要素以外最重要的一个部分。导航栏所展现的内容,搜索引擎一般都会爬行和收录,然后才是对应的二级分类栏目。

在确定导航栏的时候,我们还可以考虑用户喜欢什么样的导航栏,搜索引擎喜欢什么样的导航栏,最后将二者结合到一起。当导航栏确定好之后,也为二级分类优化打下了良好的基础。

2. 超链接URL

网站是由程序搭建的,而程序在互联网中是以动态结合数据库的形式存在的,但是搜索引擎并不喜欢变动的网站。所有的搜索引擎优先考虑的都是静态的,以.html 为后缀的网页才是搜索引擎所喜好的页面,网站的首页可以默认设置为 index.html,但是二级分录页有的程序没有直接进行静态化或者伪静态设置。

这个时候我们就要根据自己学习的知识或者专业人士的协助,让所有网站的页面都进行 URL 静态化设置,只有这样才能更好地对二级栏目进行优化。

5.4.6 文章内页优化

根据网站 SEO 的目的可以看出,网站的转化才是 SEO 的目的,而网站转化最高的不是首页也不是栏目页而是内容页。相对首页和栏目页而言,文章内页往往作为关键词的扩充而存在。很多人不明白文章内页是怎么优化的,其实简单来说,首页占据主要权重,当首页权重足够高的同时,文章内页的匹配度也就越高,排名自然就越好。

文章内页其实包括两种,一种是简单的文字内页,另一种是图形内页,图形内页多用于中小企业的产品展示。

从数量上来看,文章内页是整个网站占比最重的部分,首页只有一个,根据网站的定位,除了大型的门户网站之外,一般网站的栏目页最多为 5~8 个,但是文章内页却可以是无限存在的。也有这样一种说法,真正优化排名好的网站,永远不是靠首页带来的流量,而是依靠内容页。

1. 技巧

从文章内页优化的技巧上来看,可以通过以下三点进行优化:首先保证网站的更新频率,这个更新频率不仅仅是更新以下网站内页的原创文章,还需要结合首页将更新文章的标题展现到网站首页;其次要在文章内页中加入与网站主题和文章标题相对应的关键词;最后保证网站内页与网站之间有一定的流通性,也就是内链的存在。

2. 相关标签

在进行内页优化的时候,我们经常会用到一些标签,合理地使用这些标签,可以有效地提高文章内页的权重。一篇文章经常用到的标签有:title、H 或 B、alt、tag 等。

每一个网页都有标题、关键词和描述三大要素,但是作为文章内页来说,只需定义好文章标题即可。也就是将每一个标题比作一个关键词进行单独优化,来保证文章内页的排名,头部标签只需要定义 title 标签即可。

搜索引擎在浏览所有网站时都是无法识别文字的,因此我们在更新文章的时候,需要通过 H 或者 B 标签对某个特定的关键词进行指明,这样搜索引擎才能知道网站的重点词到底是哪一个。

如果一篇文章中出现了图片,那么搜索引擎也是无法识别的,这时就需要用到 alt 标签对图片进行说明。

最后是 tag 标签,tag 在网页中的解释是分类,通常可以出现在网页的任何位置。tag 标签的主要作用是包含某个特定的关键词进行分类,一方面是方便用户查找相关词的其他文章,另外一方面则是方便搜索引擎进行收录。

3. 作用

通过对网站的整体了解我们不难看出，首页的权重是最高的，但是内页的停留时间却是最长的，这就可以很明确地知道用户想要的并不是首页，而是通过文章内页来解决问题。如果一个网站的文章内页优化的排名足够好，那么从各个角度来看，不仅利于用户体验，更是可以获取更多的用户资料和信息，再加上精心撰写原创文章，无疑会提高与用户之间的黏性，以稳定自己在搜索引擎中的排名。

5.4.7 提升关键词排名的方法

百度搜索引擎针对新手网站而言有一个考核期，这个考核期不仅仅是考核网站本身，更是考核 SEO 人员是否足够用心，做任何事都需要持之以恒，SEO 更是如此。许多网站的 SEO 人员在做之前都是信心满满的，但是做了一段时间后发现没有效果，就开始抱怨，等坚持不下去后就会放弃，认为 SEO 越来越难做了。

其实百度也在不断地改善这个问题，虽然各大网站通过十几年的坚持，在互联网上取得了稳定的排名，但是百度也希望有更多的企业进来，要知道一切盈利的根本都是在用户身上。于是这个考核期从最开始的 3~6 个月缩短为 1~3 个月，现在缩短为了 1~3 周就能见效，只能说现在的人越来越急于求成，而百度为了吸引和留住更多的用户，不得不采取的措施。

一切的排名都是以收录为基础的，以上说的措施仅仅只是给予新手站长一些信心，而不是直接让他们获利。当网址开始正常收录之后，我们就需要开始关注排名了。下面为大家介绍一些能够稳定提升关键词排名的方法。

1. 原创内容

互联网之所以存在是因为它能为用户提供价值，而价值的体现就在于搜索引擎能够快速解决用户的问题。但是百度终究只是一个公司，无法满足所有用户的需求，所以就有了某些特定的人员来创造相应的有价值的信息，通过解决用户的问题，百度给予原创网站更高的权重和流量。

搜索引擎往往对高价值的原创内容会给予很高的权重，相反对那些采集、转载、伪原创的文章会被百度视为垃圾。因为目前百度将大量的重心放在原创内容上，如果能保证网站每天更新 1 或 2 篇有价值的文章，那么收录排名和流量自然就会提升了。

2. 友情链接

友情链接是一定要做的，虽然百度开始消减对外链的权重引流方式，但是友情链接的效果还是无法被抹杀的。一个不做友情链接的网站，就好比闭门造车，是无法提升自己的，但网站刚创建的前期并不推荐交换大量的友情链接，一方面百度会认为网站有恶意引流的嫌疑，另外一方面是因为网站刚创建的前期可能没有什么排名和收录，别人也不会和你交换链接。

所以前期最好是通过自己的努力，让网站在百度上有一定数量的收录和排名，并且稳定地更新原创文章的频率，等过了一段时间之后再进行友情链接的交换，当然交换的链接必须是相同类型的友情链接才可以。

3. 第三方

在使用第三方平台的时候一定要记住，必须保证我们的原创文章在自己的网站上收录之后再去发布。因为第三方平台都是经过我们挑选的，所以权重往往大于自己的网站，收录也比较快。如果文章没有被自己的网站收录就发布在了第三方平台上，那么搜索引擎就会认为第三方平台是原创的，而自己的网站是被转载的。

合理地使用第三方平台，往往能增加曝光率和点击率，提高原创文章的价值，只要第三方平台收录正常，也是增加网站外链最有效的方法。

5.4.8 影响关键词排名的因素

当我们做了一段时间的网站优化之后，会发现网站能够带来稳定的流量是一件很开心的事。但是突然有一天我们所优化的网站关键词排名下降了或者消失了，这可真的是晴天霹雳。但是不要着急，首先要找到原因才能有效地去解决，只要我们弄清楚其中的原因，或者规避这些问题的存在，就能很好地稳定住自己网站的排名了。

1. 文章

影响网站排名最主要的原因莫过于文章，而影响文章的常见因素有：更新频率、是否为原创、点击率是否有效、与网站定位是否相关。

- 更新频率：如果不是大型网站拥有上万流量的话，那么最好保证每日更新；
- 是否原创：搜索引擎的数据是巨大的，不要企图通过修改别人的文章来说明是自己原创的；
- 点击有效：现在许多 SEO 会通过代码或者软件的方式来打造一些假的阅读量，这其实并不可取；
- 网站定位：文章更新一定要以网站的核心为准，发布无关的文章绝对会影响网站的排名。

2. 文章内链接

出现这种情况的时候一定要注意，如果某个关键词在首页已经出现了，并且有一定的排名，那么这个时候千万不要再在文章内容页中对该关键词进行优化了，一定要扩充之后再进行优化，而扩充优化的关键就是针对不同的文章标题进行内链建设。

3. 文章外链接

很多 SEO 新手喜欢通过外链来引流，这种方法并没有错，但是要注意细节。如果在第三方平台发布的外链关键词是针对文章内容页而定的话，那么就需要留相应的文章内容页的超链接，而不是留首页。首页仅仅只是一个网站的入口而已，若想要各种各样的词有排名，此时就不仅仅是针对首页了，所以在栏目页上，往往会出现长尾关键词和疑问关键词等的做法，这些做法都可以保证网站关键词的稳定性。

本章从各个角度介绍了选择关键词的方法、关键词的分类、定位及优化，对于 SEO 来说是非常重要的一部分，只有网站的关键词取得好的排名，才能证明 SEO 做得足够优秀。

第 6 章　SEO 营销载体与引流

在做 SEO 的过程中，我们的目标很明确，那就是带来有效的转化，以便使客户达成交易。而成交当中有一个很重要的部分，那就是客户可能是先通过一篇文章对产品进行了初步了解，如果需要更加详细的了解，这个时候就可以与客服等咨询人员进行沟通。可以看到，客户看到的这篇文章就是公司与用户达成合作的切入口，也可以说是载体。

文章载体是为了使客户对产品有一个初步了解，一般文章不宜写得过于全面，过于全面的文章只会让客户觉得不需要咨询了。文章既然是搭建客户与客服之间的载体，那么引流就是搭建客户与网站或者是客户与客服之间的桥梁。

无论是营销载体还是引流技术，两者结合都能很好地提高转化率。

6.1　原创内容是 SEO 的载体

在"内容为王"的互联网时代，搜索引擎越来越看重用户体验。内容原创，质量越高的网站往往更能受到搜索引擎的喜爱。网站的好坏也在于网站内容质量的高低，只有网站提供更加优质的内容才能留住用户。由于互联网还处于不完善的阶段，加上相应的法律制约也不完善，所以出现了一些依靠复制、粘贴而生存的网站，这就导致了互联网上产生了大量的重复信息。

原创内容是一切网站的根本。无论是学习也好，咨询业务也好，停留时间最长，咨询率最高的永远是内容页。现在很多的 SEM 人员都使用专题，一方面是因为专题并没有那么多高质量的原创文案，另一方面是因为单一的文章并不能引起用户的咨询欲望。但是对 SEO 人员来说，专题是无法通过优化获取有效排名的，因为内容才是 SEO 的根本。

6.1.1 原创内容的作用

如果一家公司没有配备专业的文案人员，那么作为 SEO 人员就必须掌握写作的技巧。作为一个独立的 SEO 运营者来说，不会写好文章，那么这名 SEO 人员是不合格的。SEO 人员通过对网站的定位和用户的搜索词可以很快分析出用户更喜欢什么样的文章，如果能够写出好的原创文章，并且不仅有自己的风格还有自己独特的见解，那么就更容易让用户记住你的网站了。

1. 用户都喜欢原创

用户通过互联网可以快速查找并浏览所需的内容，如果用户每次看到的都是相同或类似的文章，那么就会失去浏览的欲望。在这个网络化的年代，信息的传播速度是非常快的，用户接受信息的能力也越来越强，所以这就导致了用户对新鲜事物的需求。根据数据统计，用户第一次浏览一篇原创文章的概率为 90% 以上，而当用户再次遇到这篇文章的时候，浏览的概率不足 20%。

2. 原创等于标志

一篇好的文章是可以引起用户共鸣的，因为在写文章的过程中，作者会加入自己的感受，有时会写入自己的经历和想法，而用户阅读时也是可以感受到的。如果一个原创作者经常写文章，那么他的语气、写法及对事物的评价都会慢慢地在文章中表现出来。这些都属于原创作者自己的标志，就像品牌商标一样，有自己独特的标志。

而对原创的抄袭或模仿带来的后果往往是搜索引擎不喜爱，用户不停留，这样的网站是没有任何发展前景可言。

3. 收录和排名

除了一些大型的网站能够第一时间获取社会信息，能够快速获得收录和排名之外，一些中小企业网站或者个人独立的博客要想做到这样的效果，就必须坚持撰写原创文章。原创文章的价值在于能提高用户体验，而提高用户体验的绝对机制就是用户对该页面的停留时间及转发次数。如果一篇高质量的文章多次被用户搜索、点击、停留，并且带来转发和分享，那么这篇文章的价值将是巨大的。

长期坚持每天撰写高质量的原创文章，收录和排名自然会逐渐提高，网站的权重也会得到相应的提升。如果做 SEO 只是复制、粘贴其他网站的文章，那么搜索引擎自然会判断你的网站为高度重复的网站，一个重复的网站是没有任何价值的，自然就没有流量和权重了。

4．侵权

侵权这个问题其实很严重，但是由于互联网相应的制度还不完善。而且互联网本身就是一个传播平台，所以为了规避这个问题，一般会在原创文章的末尾指明转载请注明出处等字样，以表示对原创作者的尊重。但是还有一些人在转载其他作者的原创文章时，会直接将来源删除，以为这样就能变成自己的原创文章了，这其实是损人不利己的行为。

案例 6-1

2017 年，深圳某公司起诉另一家公司因为抄袭该公司的文章，而引发大量网友关注。

原告公司是一家经营餐饮、户外拓展、旅游等业务的公司，而被告公司主要经营的则是美食、餐饮等业务。原本两家公司都有自己的业务，互不影响。但是在 2017 年 4 月，被告公司发布了一篇关于《深圳独具特色的美食馆，好吃的都在这里》的文章，随后通过微信和微博社交平台的转发，在互联网上受到了大量的关注，也为被告公司带来了不少的收益。而其所谓的原创文章却是通过对原告公司发布的文章东拼西凑而成，这让原告公司大为震惊。于是原告公司联系被告公司要求删除该篇文章，却被被告公司拒绝。

在交涉无果之后，原告公司一纸诉状将被告公司告上了法庭。原告公司认为被告公司未经其允许而私自将其整理的原创文章、图片素材等发布到网络平台上，并且没有保留原告方的任何版权信息，已经构成了侵权。

原告公司要求被告公司公开向其道歉，在各大网络平台上发表道歉说明，并赔偿原告经济损失 10 万元。被告公司当时并未出庭，而只是让代理律师进行辩护。但是在各种证据证明下，被告公司百口莫辩。最终法院判处原告公司胜诉，被告公司向原告公司道歉并赔偿损失。

如果被告公司在当初原告公司申请删除该文的时候做出让步，也不至于最后闹到法院，并且还要进行经济赔偿。

因为互联网的管制尚不完善，许多人对于侵权问题并不重视。一方面抄袭方认为对方并不会发现，即使发现了也不一定会到法院告状；另一方面有的原创作者可能不知该如何维权。目前一些原创作者逐渐被一些追讨版权的公司所保护，说明互联网原创文章的维权已经开始受到原创作者的重视。

因此在许多网站都会出现如下的条例：本站部分文章转载至互联网，如有侵权请及时联系删除。这也是许多网站减少损失的一种防范措施。一篇文章看似作用不大，但是如果涉及侵权问题，闹大的话就会像被告公司那样，因为已经造成侵权的事实，就必须要赔偿对方相应的损失。

也有许多原创作者认为被侵权也没关系，尤其是一些草根作者，他们一方面不懂得怎么去维权，另一方面觉得自己写的文章并不会创造多大的价值，别人转发就转发吧。就是这样的心理，导致一些 SEO 人员贪图便捷，复制、粘贴别人的文章。当然这部分只会复制、粘贴的 SEO 人员仅仅只能做互联网搬运工的角色，毫无进步可言。

6.1.2 高质量原创文章带来的价值

在讲解原创文章带来的价值时，我希望大家首先明白一点，那就是原创文章的价值并不是作者自己评估的，而是用户来评估的。就像考试一样，自己觉得很好，但是试卷发下来后成绩并不理想是一个道理。

原创文章每个人都可以写，只要你会打字，胡编乱造也能成一篇原创文章。但是这样的原创文章是没有任何意义和价值的，这里我们就要注意了，一定要高质量的原创文章才有价值。而想要写出高质量的原创文章，需要通过不断地练习、阅读和收集资料，然后加入自己的见解。那么高质量的原创文章都有什么特点呢？

1. 主题新颖明确

一个优秀的网站永远不能靠填鸭式的成长模式，而是需要精心打造的。对于网站的原创内容建设更是如此。当我们撰写原创文章的时候，切忌内容过于雷同。例如，可以针对当前的热门事件进行描述，并加入自己的观点，一方面主题是当前最新的事件，另一方面有自己的独特见解。这种文章如果适当地加入软文广告也是可以的。互联网是一个言论自由的平台，在文章中加入自己的独特见解往往会收到很多的用户共鸣，提高互动性。

2. 条理清晰

再好的文章，如果条理不清，就会给用户造成一种食之无味，弃之可惜的鸡肋感觉。根据每个人的文笔不同，写作方式自然也不一样。但是写作方式基本包括两种：案例阐述并表达观点；提出观点举例证明。这两种写作方式往往可以通过小标题逐一撰写，可以由案例引起读者的兴趣，然后阐述自己的观点，引起读者的共鸣。这样的写作方式是目前撰写原创文章的常用定式。

3. 了解用户

文章的质量高不高，有没有价值，要看用户是怎么看的，因此要明白用户是怎么想的。

例如许多广受好评的电视剧和电影,都是因为挖掘了人们内心深处的想法,通过表演的形式展现出来,这样才能吸引人们观看。写文章也同样如此。

用户进入我们的网站浏览,是想要解决问题的,而不是来听我们阐述定义的。所以我们的文章就是为了解决用户的问题。通过了解用户,然后去撰写文章,往往能收到奇效。

6.1.3 好的标题是成功的一半

俗话说题好一半分,这句话并不是毫无根据的。文章的标题无论是在搜索引擎界面,还是分享到 QQ 空间和微信朋友圈,首先展示的都是标题。所以如果一个标题不吸引人,文章再好、再优秀,点击率也不会很高。因此如果因为标题不好而使得一篇高质量的原创文章被埋没了,那就太可惜了。

1. 为什么要写好标题

根据网上的数据显示,相同的一篇文章,质量高的标题点击率达到 80%,而质量低的标题点击率仅为 10%。这就足以证明一个好的标题是多么重要。如果标题毫无新意,根本不会有人会注意到你的文章,更谈不上阅读了。很多文章写得十分出彩,但是阅读量却很少,最重要的原因就是标题不够吸引人。

一个好的标题,往往能够大量提升文章的阅读率,加上对文章的精心撰写,那么带来的转化率就会很高。文章就像发动机,而标题则是引擎开关。一个好的标题可以得到用户的关注,吸引对方的注意力,并让对方有兴趣读下去。

2. 怎么写好标题

标题的写法有很多种,并没有一个统一的模式,但是我们可以根据用户想要知道的信息来撰写标题。标题的好坏主要依据也是吸引程度。根据相关数据显示,往往与学习相关的,以及独家、特别、你不得不知道、名人推荐等带有这些词的标题,往往能加大文章的点击率。

所以我们在写文章标题时应尽量植入一些与以上词汇相关的词,能够更加有利于吸引用户。

6.1.4 怎么写好文章的开头

一篇文章,开头好坏不亚于标题的重要性,用户往往只需花费数秒的时间就能判断出这篇文章有没有必要继续读下去，是否有娱乐性，是否有学习性等。一个好的开头往往会给人营造一种虽然没有读完，却感觉接下来的内容会很吸引人。所以我们可以根据不同的写法，吸引用户读下去。

1．选择方式的开头

各行各业都存在不同的对比性，所以当用户通过搜索引擎进入我们的网站时，应尽量通过开头的内容将选择的权利抛给对方。例如，一件商品的好坏，用户是希望自己找呢？还是希望通过中介公司呢？可能有些用户会选择通过自己找的方法，这样我们就可以在接下来的文章中详细讲述自己找的好处。

2．问题方式的开头

问题开头和选择开头是不一样的。问题方式的开头多见于共鸣。问题方式的开头如：专业和岗位不对口，凭什么找到好工作？这种类型的文章相信无论是男性还是女性都有兴趣读下去。当然我们在撰写正文的时候一定要言之有理，不能胡编乱造，否则读者会认为没有意义。

3．痛点方式的开头

现在许多自媒体用户之所以广受关注，有很大一部分原因是说了实话，这种实话其实就是许多用户在内心承认而在现实中不想承认的话。例如某个事件引发的道德绑架，许多人都会在网上声援支持，但是在现实中的支持者却不一定多。这种文章就是抓住了人性痛点，用户才有欲望读下去，因为那是内心深处的自己。

4．故事方式的开头

故事性开头方式往往是编造一个简单的故事。例如，假设我们的产品是手机，那么在开头部分不能把广告目的写得太明显，可以从一对小情侣吵架开始，这对小情侣的吵架内容可以描述得尽量详细一点，以满足用户的"八卦"心理。同时我们可以安排在某个地点进行广告植入，如这次吵架发生在某家手机店门前，这时候用户其实已经看完了你的文章，广告也被成功植入了，是一种比较实用的开头方式。

6.1.5 怎么写好文章的正文

一篇优秀的文章可以抵过无数的外链发布。再好的外链，没有任何吸引人的亮点，终究只能起到搜索引擎优化的作用，而无法达到用户体验转化的结果。虽然标题和开头写好了能够吸引用户的点击量及看下去的欲望，但是一篇文章的阅读时间一般为3~5分钟，而正文的阅读时间可以说占据了80%以上的时间。正文写好了，才能产生价值，或者引发用户咨询的欲望。

1. 内容要有料

一篇文章的正文如果不切实际，将达不到预期的效果，而且会让用户心生反感。有料的内容多见于"干货"，比如自己对某项技术的独特见解；或者针对某一热门事件发表自己的观点；或者一些生活小常识，注意事项等，都可以作为正文的有效内容。

2. 热度高

在写文章的时候，网络写手最惯用的手法就是追热度。因为热度越高的事件，引人了解的欲望就越强。在微博上有"蹭热度"这一说法，其实我们写文章同样可以利用这种方式。一篇针对热门事件发表自己的观点并且得到广泛传播的文章，无论是从植入的广告还是流量来说，都是极具价值的。

当然我们选择热度的时候也要根据用户群体来写，如做英语培训的企业，可以看看微博上或者热门新闻里有没有新的政策，或者发生了什么重大的事件。这个时候我们就可以通过这些事件来引起用户的关注，以曝光更多有利于自己的信息。

3. 植入广告

在合适的时机植入广告，而又不让用户反感，是一个专业文案应具备的能力。文章的广告词不能太生硬，否则用户会很反感。几乎所有的用户都是反感各种广告的，即使是他需要的产品，但他也不一定会看硬广告。所以什么时候植入有效的广告，才是文章价值的体现。

广告一般可分为产品广告和自媒体广告。自媒体广告可以写各种类型的文章，只要末尾或者开头展示自己的产品名字就可以了。而产品广告则不同，产品广告可以通过"神转折"的模式来植入。例如前面说到的一对小情侣吵架，两人吵着吵着就走到了一家手机店门口，这时候男方为了哄她，便进到手机店想给女方买一部新手机。这个时候正文中可以用一些简短的篇幅对手机进行介绍。这种广告的植入往往不会让用户反感，反而会觉得广告不错。

4．图文并茂+视频

由于文字类的文章说服力不足够强，所以我们可以在其中添加一些与文章内容相关的图片，有视频更好。例如网络新闻上曾播报的一位大妈骂年轻的 cosplay 女孩事件，其实这个事件的背后是为了给某广告公司做广告，这种带有视频的广告往往更加引人注目。

6.1.6 怎么写好文章的结尾

认为文章标题难写的人可以说还停留在思考的初级阶段，而文章如何结尾则可以算是中高级阶段的思考了。写文章灵感不是随时都有的，高质量的文案写出的文章甚至不需要灵感，因为他的肚子里有"货"。可是文章的结尾往往是很难写的，一篇文章的结尾收得不好，会影响整篇文章的质量和阅读感。

下面为大家介绍几种比较有效的文章结尾方式：总结全文法、意犹未尽法、点题法和互动法。

1．总结全文法

总结全文法多见于观念性比较强的文章，整篇文章的正文部分已经写完，最后通过一段简短的话语来一个总结，加深自己想表达的观点，方便用户能够更好地了解作者的见解。

2．意犹未尽法

意犹未尽与草草收尾不同，例如《灌篮高手》这部动漫剧，可以称得上是意犹未尽类的代表之作。所以当我们的文章写不下去的时候，不妨给读者留一个遐想，让读者去猜测接下来会发生什么。一篇能够引发读者思考的文章，比引起读者共鸣更加有价值。

3．点题法

点题法比较初级，只是为了收尾而收尾。当我们写文章思考怎么结尾的时候，可以回头看看自己的标题，针对标题再进行一次扩充描述。点题法比较常用，但是意义并不大。

4. 互动法

这是目前比较流行的一种收尾方法，通常不会表达很明确的观点，通过模棱两可的结尾内容，即作者既不赞同也不反对，只是进行合理地分析，最后抛出一个互动类型的问题。例如，如果是你，你会对哪个更认可呢？请在下方留下你的观点，让我们看看有多少人和你一样吧。这种方式是为了引发用户互动而采取的一种交互式方法，也是一种不错的收尾方式。

6.1.7 案例1：王三峰的那个相亲对象

通过前面内容的学习我们知道了怎样才能写好一篇软文。下面分享一下作者曾经写的两篇软文的案例。

1

王三峰家里给他介绍了个相亲对象李小环，李小环是个漂亮的95后，王三峰是个奋斗的90后。

王三峰在外创业"打拼"，希望能"打拼出"自己的一番事业。但因为家里是农村的，早点结婚也是为了却父母的心愿，所以王三峰不得不将李小环带到深圳一起生活。

王三峰老实，李小环漂亮；王三峰好静，李小环好动；王三峰喜欢读书写字，李小环喜欢逛街购物。

王三峰毕业三年，创业两年，李小环刚毕业没多久，连工作都没有做过。这样的两个人走在一起，王三峰觉得或许是缘分，但看到李小环的美貌，王三峰更多的是珍惜。

深圳是一个很神奇的城市，王三峰用两年时间走遍了中国四大城市"北上广深"，最终选择留在了深圳。李小环第一次来深圳，刚下飞机，李小环就跟王三峰说：希望能在这里有一个属于自己的家。王三峰很欣慰，同时也感觉很无助，深圳的房价早已让他望尘莫及。

行走在深圳这座大都市中，李小环很开心，路上不停地说着她在学校的事。天真可爱或许就是此刻对她最贴切的形容。王三峰不知道自己是否会喜欢她，也不清楚她是否会喜欢自己，王三峰只知道总会有一个人要和他一起走下去，无论是谁。

2

王三峰问李小环:"你还小,为什么要相亲呢?"

李小环说:"可你不小了啊。"

王三峰很无奈地笑了一下,心里想着:我才25岁就不小了呀。

王三峰问:"那你为什么要选择和我在一起呢?"

李小环说:"因为我觉得你是一个'靠谱'的人。"

王三峰靠谱吗?他自己也不知道。

李小环刚开始很难融入深圳这座城市,但慢慢地王三峰发现,李小环打扮得越来越漂亮,回来的时间也越来越晚。

刚开始王三峰并没有在意,可有一次王三峰在外约见客户,无意之中看到了李小环。李小环站在一家魅族手机店门口,挽着一个中年男人,有说有笑。王三峰看到之后气不打一处来,立刻跑到李小环面前。那个中年男人看到怒气冲冲的王三峰后赶紧跑了,留下了李小环一人。

3

王三峰问:"那个男人是谁?"

李小环答:"是我的一个客户。"

王三峰问:"客户为什么看到我就跑?"

李小环答:"可能他有急事吧。"

王三峰问:"那你为什么还要挽着他?"

李小环一句句地回答着,可慢慢地他们之间的对话就变成了争吵。争吵之中王三峰将自己的iPhone 6 Plus 摔在了地上。就这样,王三峰第一次跟李小环大吵了一架。

此时围观的人也越来越多,慢慢地二人的争吵演变成李小环想要买手机,而他的男朋友不愿意,两人为了一部魅族新款手机而闹掰了。

那一天王三峰喝了很多酒,他知道这个城市竞争激烈,所以他比任何人都要努力,可现实却是这样。他很不甘心,心里真的很痛。他痛人性本恶,他痛当初那个天真可爱的小女孩为什么会变成这样,他想到了和李小环分手。

他在微信上给李小环留言,想和李小环当面说清楚。

王三峰觉得李小环早已不是当初那个单纯的小姑娘了,他觉得她已经被物质所侵蚀,她不想吃苦,她想要过上更好的生活。

李小环答应了,说就在上次吵架的那个魅族手机店门口见吧。

4

那天晚上,王三峰见到了李小环。

李小环问了他一句:"你知道我为什么会挽着那个人吗?"

王三峰一脸嘲笑地说:"那还用说吗?"

李小环说:"那是因为我想让他买手机,你以为我就那么自甘堕落吗?你以为我这么拼命不是想为你多减轻点负担吗?我每天看到你早出晚归地工作,我也想多挣点钱啊,而且现在魅族的手机性能越来越好。你就只知道骂我,你有关心过我的工作吗?"

王三峰一脸尴尬地说"你说的是真的?"

李小环说:"你以为呢?我既然选择了和你在一起,就一定会和你一起努力的。"

王三峰说:"对不起,我错怪你了。"

李小环说:"你知道我为什么约你在这里吗?"

李小环说着从包里拿出了一个盒子递给了王三峰。王三峰打开一看,原来是一部最新款的魅族 PRO 6。原来王三峰将自己的苹果手机摔在地上的时候,李小环记在了心里。于是在吵完架之后,就自己掏钱为他买了一部手机。

李小环说:"现在还生气吗?这部手机特别好,是全新的 ID 风格,三种颜色中我给你选了最好看的银色,现在的魅族 PRO 6 手机都是经过特殊改良的,相机有 2116 万像素。你不是用的 4G 网络吗?魅族 PRO 6 手机三大运营商都可以用,还可以大大减少流量的消耗。"

看着李小环越说越有精神,王三峰觉得自己真的错怪了她,而且他居然有了一部这么好的手机。

5

李小环看着发呆的王三峰,对他说:"现在我们还分手吗?"

王三峰傻傻一笑:"不了,不了,以后都不分了,我们要一直在一起。"

谁说相亲的两人就没有幸福?谁说女人到了社会就一定会变得现实?那只不过是你们没有遇到对的人。王三峰开心地搂着李小环回家了。

6.1.8 案例2:爱情公寓新剧情——陈小华真的逆袭了林宛瑜

1

《爱情公寓》第一季里,有一集是关于某男(陈小华)追求心中的"女神"(林宛瑜)

的那一幕，相信大家对那个说"丑的特别，所以是特别的丑。"的扮演者记忆深刻。

在一间酒吧里，一名男士（陈小华）手捧鲜花站在了一位女士（林宛瑜）面前，并且对那位女士说："你好，我等你很久了。"

女士很尴尬地说："你可能搞错了，我不认识你。"

男士说："我叫陈小华，也住在爱情公寓。我注意你很久了，第一次看到你，你就征服我了。"

男士的百般殷勤都没有得到女神的青睐，最后当男士说了一句："你就给我一次机会吧，My heart sweet。"似乎给了女神一个台阶。

女神对男士说："应该是 My sweet heart。"随后女士继续乘胜追击："你 GRE 过了吗？那托福呢？"

这些英语的专用词汇听得男士一愣一愣的，最后只能选择放弃。

后来没过多久，陈小华却突然出现在林宛瑜的面前，并且拿到了各类证书。虽然最后在《爱情公寓》的剧情里，林宛瑜最终还是拒绝了他。

2

其实《爱情公寓》这一幕是有另外的剧本的，只不过因为陈小华的扮演者临时有其他事情而只能出演到这里。其实剧本中写的是陈小华通过自己的努力，最终和林宛瑜在一起了。

而我深入挖掘剧本，并不是因为他多搞笑，是因为我发现了一个问题：为什么陈小华能在短时间内考过 GRE 和托福？

陈小华在被林宛瑜以这样一个理由拒绝之后，便下定决心要将英语学好。但奈何没有什么英语基础，瞎碰了许久都没有一丝进展，直到他遇到了一个改变他英语学习方向的人。

在一次英语交流的聚会上，陈小华偶然发现在台上说着一口流利英语的人居然是自己曾经的同学小王。当小王演讲完之后，陈小华便找到他，向他询问原因。

小王对他说，其实我当初也是和你一样英语特别"烂"，直到我遇到了一个老师，他告诉了我方法。这样我将他的电话告诉你，你打电话咨询一下。

陈小华早已有了想要专心学习英语的念头，想要通过学习英语得到"女神"的芳心。但他发现这个电话号码是外地的，他便迟疑了。后来小王告诉他，你可以在线学习，老师都会非常认真地教你。

就这样陈小华开始了自己的学习之路，在这里他通过老师的指点很快找到了方法。过了不久，通过自己的努力和老师的指导，陈小华成功地拿到了当初林宛瑜所说的证书。这才有了电视上的那一幕。

后来陈小华在致电给老师的感谢信中写到：因为有这个平台，因为有您（老师）的指点，因为有相互的交流，让我不仅学好了英语，并且追到了我的女神。

3

其实很多男士都希望"逆袭"，但逆袭有两个必要因素，一个是方向，另一个就是自己的付出。没有方向的人就像无头苍蝇，永远只能撞墙，得不到应有的回报。

学习英语对于大多数人来说是一件比较难的事，但陈小华有了"女神"的刺激，就对自己有了挑战的要求。再加上有好的老师指点，才成就了陈小华的"逆袭"路。

其实不止是学习英语，做任何事都是一样的。例如，我们看到一些成功人士分享经验时往往会避重就轻，将一切的功劳归功于自己的坚持和运气。当然我并不反对这样的观念，但这样的观念对于一些处于迷茫中的求知者来说毫无意义。

我们应像《爱情公寓》中的陈小华那样，给自己树立一个目标，并且找到一个方向，那才是最有价值的。

陈小华的目标是追到"女神"林宛瑜，学习英语成了他所需要达标的要求，而找到一个好的平台和老师恰好促成了他所想要的。

4

涉及学习的事，并不是人人都能做到自学成才。自学成才往往会遇到许多问题，而这些问题就像小路中的荆棘，会阻碍我们前进的方向。

学习的过程中，相信更多的人是找一名老师作为指导。而有一个好的老师带领你，将会事半功倍。

小结：文案的练习不是一天两天就可以形成的，需要经过不断的磨练来打造属于自己的营销技巧，使读者对文章感兴趣之余，又传播了广告营销的效应。

6.2 外链引流 7 大招

当我们每天都能坚持写高质量的原创文章之后，站内优化也慢慢稳定的时候，需要通过外部引流来加强网站的曝光度。正所谓好酒也怕巷子深。怎么才能通过互联网的其他渠道来增加自己的网站流量呢？本节共总结了 7 种比较常见的互联网引流的方式：百度风云榜、热播电视剧、招聘网站、百度照片、自媒体平台、百度知道和微信朋友圈。下面具体介绍。

6.2.1 利用百度风云榜引流

百度风云榜主要是为用户提供最新的第一手资讯，当然用户一般是浏览这些资讯，而 SEO 人员则可以用百度风云榜里的信息来打造最新的原创新闻，以便获取更高的流量。如图 6-1 所示为百度风云榜首页。

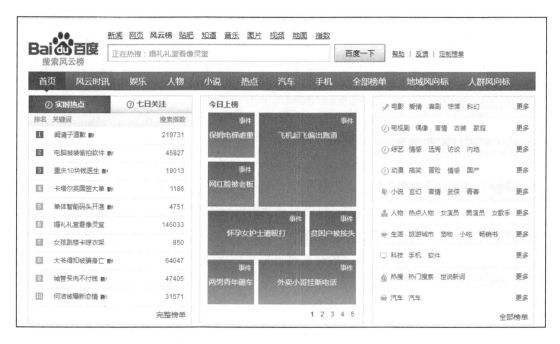

图 6-1　百度风云榜首页

1．事件的选择

百度风云榜包含了各个领域的热点新闻，但并不是每个新闻我们都能做，而是需要结合自身的能力和所处的环境进行选择。也可以根据网站的定位进行插入式的营销推广，因为热点事件是普通老百姓所喜欢的。所以我们作为 SEO 工作者可以尽量选择一些热点事件进行文章的撰写，保证高流量的引入。

2．首发加引流

一定要记住，原创文章的首发一定要在自己的网站上。因为是小站点，或许不能快速地排在首页，但是可以通过投稿等方式进行传播。只要我们的文章写得足够好，事件性足够强，在投稿的时候可以留下自己首发网站的网址。一般接受投稿的网站都是可以留下自己的首发链接的，因为我们是小站，所以只能依靠大型站点来引流。

3．评论法

评论法与文章无关，大多数是直接性的硬广告式的推广。因为许多大型网站会在第一时间发布热点新闻事件，并且会取得很好的排名，搜索引擎也能快速收录。如果我们能够在热点新闻事件的网页上发布评论，并且留下与自己的网站相关排名的关键词或者网址，也是一种不错的方法。

6.2.2 利用热播电影或电视剧引流

随着人们的生活越来越好，越来越注重休闲和娱乐方式。而很多人的休闲和娱乐方式基本是看电影或电视剧。因此我们可以针对热播的电影或者电视剧，思考当这些电影或者电视剧即将上线的时候，人们最关心的是什么？人们往往关心的可能是能否第一时间看到高清的电影（或电视剧），所以一般会通过百度来查找这些信息。

1．上映之前

上映之前由于出版方也希望得到用户的大量关注，所以往往会通过公关公司发布一些所谓的内部消息。这个时候我们可以通过微博等平台来获取这些消息并且造势。造势一般就是围绕该热门电影（或电视剧）的拍摄之路及所表达的寓意进行宣传，如播放一些精彩视频的 MV 集锦（即片花），当然最重要的一点是（这些资料）可以直接在网上下载。

虽然电影（或电视剧）还没有正式上映，但是总有一些人觉得自己能够找到完整版，所以这就给了我们做流量的机会。例如《战狼2》完整版电影下载，虽然没有这部电影，但是可以放电影《战狼1》的内容，虽然"忽悠"了用户，但是引流的目的达到了。

2．热播中

一部电影一般是一次性就能看完，一般不存在下一集。我们说的热播一般是接下来的续集,例如电视剧是属于连播的,一般不可能一次播完,总要给观众一点悬念。所以当某部热播电视剧刚开始播放的时候,观众希望能够尽快看到下一集,尤其是一周更新一集的热播剧,这种方法更适用。例如《海贼王》动漫更新到了 800 集,许多人肯定会在网上搜索第 801 集,这样运营动漫的网站就能很快地获取流量了。

6.2.3 利用百度贴吧引流

百度贴吧可以说是最早的互联网互动产品,其在 2003 年就已经上线,至今已经走过了 14 个年头,但依旧在用户心中有着不可替代的地位。百度贴吧的整体活跃度就目前来说可能只屈居于微信和微博之下。而微信和微博是百度贴吧为了迎合新时代的用户所开放的产品。

百度贴吧的优势在于分类十分明确,而且可以给予用户自己创建贴吧的权利,完全由用户自己去经营和管理。例如知名的李毅吧、胥渡吧等,曾经都只是一个小吧主,现在已经成为了巨额流量的所在地。

既然百度贴吧拥有如此巨大的流量,我们需要怎么去引流呢?

1. 搜寻贴吧

当我们确定好网站之后,可以搜集一些与网站定位相关的贴吧,当然也可以搜集一些大众型的贴吧。例如一个小说网站,我们可以找一些喜欢看小说的贴吧,当然也可以找一些用户群体比较多的贴吧,从而进行有效的宣传。

2. 故事很重要

一般在贴吧里闲逛的都不是目标用户,很多是为了打发时间。所以这些用户并不是我们的直接用户,但是却可以带来巨大的流量。在贴吧中的标题可以营造一个娱乐性的新闻,越吸引人越好,然后根据标题写一段稍微长一点的文章,最后在重点发生的事件后面截止。例如,正在这时,警察来了。然后下面就不更新了,相信会有许多人要求继续发文的。这个时候就可以开始打广告了,如"贴吧篇幅有限,想看全文的可以百度搜索×××进入网站之后,看完整版的喔",诸如此类的引流方式往往会十分见效。

3. 贴吧等级

要想在贴吧进行广告引流,最重要的一点就是你的贴吧等级要足够高。有些贴吧会因为用户等级的原因而限制某些功能，所以等级越高权限也就越大，相应的做引流的效果就越好。

6.2.4 利用百度照片引流

照片引流技术虽然不常用，但是引流效果却不错。而百度照片引流的方式主要是通过搜索引擎的图片搜索功能带来的流量，主要是用长尾关键词的方法去免费引流。例如，用户搜索某个关键词的时候，百度图片选项就会出现。因为百度图片与其他文字排名的模式不一样，这样就会触发用户点击百度图片功能，进行查找。

1．水印

水印主要是指给图片加上属于自己的个性标签，而在百度图片搜索里常见的就是在图片上加入公司或者自己的联系方式，以便用户能够直接联系。

2．技巧

图片处理完成之后，如何让我们的图片展现在搜索引擎的图片搜索功能里呢？一个是前面章节中提到的 alt 标签。但是这种标签的使用如果网站权重并不高的话，效果是不明显的。所以我们可以考虑在大型网站上发布，如百度空间、百度相册和百度云盘等，都是可以被搜索引擎抓取到的。

3．命名规则

之所以我们的图片能够在百度图片搜索功能里展现，主要是因为该图片与用户所搜索的关键词相关。而这个与用户搜索的关键词相关的来源就是图片的命名规则，所以我们可以在上传图片的时候，将图片命名成与自己所运营的产品相关的名称。这样就能更好地在搜索引擎图片里展现了。

6.2.5 利用自媒体平台引流

现在自媒体平台也不如以前好做了，作者本人曾写过三年多的文章，每日一篇。在 2014 年的时候，自媒体还没有现在这么多，当时作者是和一部分喜欢写文章的 SEO 人员聚集在一起，组成了一个实名网络营销的团队。但是由于团队人员精力有限，最终没有引起很大的关注度。并且一部分实名网络营销的 SEO 人员开始打造自己的品牌，所以使得自媒体人越来越多。

1. 好处

无论你是写文章还是拍视频，都可以称之为自媒体。自媒体的核心在于原创。有价值的原创，可以打响自己的品牌效应。通过自媒体平台的传播来获取流量，并且依靠自媒体平台还能获得相应的广告费。因为一个优秀的自媒体所有的数据来源都是自己原创的，更进一步地引发了"内容为王，原创为主"的互联网时代。

2. 平台

目前市面上的自媒体平台越来越多，百度出台的"百家号"只能算是简陋的了。最先兴起的自媒体平台是"今日头条"，之后陆续出现了搜狐自媒体、网易自媒体、腾讯企鹅、一点资讯等各种自媒体平台。因为自媒体引进的是原创内容，所以权重也很高，流量相应的就很高了。

3. 区分

在以上的自媒体平台中，如果是做一些关于站内圈子的流量的话，那么无疑"今日头条"是最好的。但是如果我们要做的是全网营销，那么"百家号"和搜狐自媒体是目前来说排名最好的。这两个平台中只要被收录了就会有一定的排名。当然"百家号"由于是百度旗下的平台，排名自然是大于搜狐自媒体的。

6.2.6 利用"百度知道"引流

"百度知道"是目前除了"百度百科"之外排名最好的一个平台。百度知道的引流模式最好也是利用热点进行引流。百度知道的问题最好大众化，不要刻意营造一种与品牌相关的营销问题。例如，在某某地方治疗心脏病怎么样？这种问题基本是不会审核通过的，更不要说排名了。

利用百度知道引流最好的办法就是结合百度网盘，因为百度知道现在屏蔽了与百度相关的所有外链，但是百度网盘却是可以存在的。所以我们可以在百度知道上自问自答，然后留下百度网盘的链接。百度网盘里的资源是需要用户下载的，这个时候我们再次进行转化，如我们上传到百度网盘的资源并不是用户想要的，而是留下一个文本然后可以在文本中留个公众号或网址,当用户下载网盘里的文本时,就可以看到,然后会添加微信公众号或者访问某个网站来获取。这样的二次转化率虽然不高,但是一个热门的百度知道问题,阅读量可以达到数万,也就是说至少会有数万人会浏览你的网盘中的内容。哪怕只有百分之十的概率,也有上千人会添加微信公众号或者访问目标网站了。

当然百度知道的要求也是越来越严格,所以我们需要了解以下几点注意事项,来保证我们的引流成功。

1. 账号

百度知道的账号分为两种:一种是用户的提问,一种是某些用户的回答。每天都有不少用户在赚取经验值升级,所以我们最好配备两个账号,方便第一时间回答问题并且能够被快速采纳,这样可以避免被其他人占用答案。

2. IP地址

我曾说过,搜索引擎是根据计算机的 IP 来识别用户的,所以有能力的情况下可以配置一个 VPN。例如,首先用 A 账号的 IP 进行提问,之后使用 VPN 进行 IP 切换,通过 B 账号的 IP 来回答。当然也可以将有效的答案复制给拥有百度账号的朋友,让他们帮忙回答。如果同一个 IP 使用不同的账号来进行自问自答,也会被屏蔽。

3. 浏览器

这里要注意的是,做百度知道引流不可能只用一个问题。所以我们需要通过多个账号来相互问答,但是这就会造成浏览器进行记录保存。多次使用同一个浏览器,而且不及时切换 IP 的话,就会导致百度很快就能检测到这是不合法的行为。所以最好准备多个浏览器,并记录好哪个浏览器登录哪个百度账号,以此进行合理并且有效的管理。

4. 提问与回答

所提的问题,一定要围绕核心关键词,尤其是热门关键词,只有这样搜索引擎才能将我们所提的问题排在靠前的位置,吸引用户点击。如果是需要详细回答的问题,应尽量详细回答,但是切忌不要转载,最好自己编写,转载的答案往往会给人一种打广告的嫌疑。目前百度知道是不能直接留下联系方式的,严重的情况会被封号。

5. 引流

引流的主要方式是通过添加自己的联系方式或者运营的网址来达到引流的目的。但是这两种方式会直接被百度屏蔽,所以我们可以利用百度自己的产品进行引流。就像前面提到的利用百度网盘就是最好的办法。

6.2.7 利用微信引流

本来这一节应该讲的是利用 QQ 空间引流,但是很多 QQ 用户都已经转战到了微信这一市场。QQ 空间确实有它存在的价值,但是引流效果已经不如微信了。微信现在更多的是作为一个信息交流的平台,哪怕你没有网站,都可以达成交易。当然前提是取得用户的信任,这就需要长时间的积累了。这里我们不多说,主要还是说说怎么利用微信引流。

我们如果想要打造一个微信引流号,然后通过微信引流到网站,首先需要通过前面讲的 6 种方法让用户通过互联网添加我们的微信号,但是这 6 种方法引流到网站的效果并不好,因此我们才会考虑使用微信的功能进行二次引流。

1. 群体定位

一个微信引流号,首先要定位好自己的用户群体。例如我们是做英语培训的,那么我们吸引来的肯定是想学习英语,或者想让自己的孩子参加英语培训的一些人,这就为我们以后的朋友圈奠定了基础。因为朋友圈的功能更多的是在于分享,如果我们能写出有价值的文章,相信这些添加你的用户是很乐意帮忙转发的。

2. 软件群发

软件群发的方式需要投入大量的时间和很多台式设备来完成。作者曾经做了将近一年的微信营销,当时购买了 10 台平板电脑,每台平板电脑上都安装了营销软件。然后每天不断地加群、换群,当然也因此获利不少。而闲暇之余,如晚上睡觉前的几个小时,我会启动软件,群发自己写的文章,将微信群中的用户引流到网站上。

我们可以将自己所要群发的内容或者网址保存到微信的收藏夹中,然后启动软件进行群发。因为每个群的用户数量不同,引流的效果也是不一样的。

3. 区别

微信其实已经不属于 SEO 的运营范围了,微信的定位可以和网站一样,只是微信无法创造实际的流量数据,相当于跳过了 SEO 这一步。微信引流的做法更适用于有产品或者达成交易的公司,而不适合个人运营的网站。所以我们要清楚 SEO 是以网站为基础的优化模式,而微信只是引流客户的一个聚集地。

6.3 分裂式营销

分裂式营销从其定义上给人一种极其猛烈的冲击感,尤其是"分裂"二字。其实分裂式营销只是一种营销模式,并不是特指分裂。只是这种模式依靠的是一传十,十传百的方法进行不断地扩散,达到了类似分裂传播的效果。

分裂式营销最初并不是我们理解的这样,而是随着时间的推移通过口碑传播而引起的营销模式。分裂式营销的核心在于如何让用户自发地通过各种社交平台进行分享转发。而某些公关公司常用的手法则是通过某些舆论事件,引起广大群众的内心共鸣,进而引爆用户的观赏和停留,以便达到宣传产品和企业的效果。分裂式营销一旦成功,就会在社会上引起各种反响,但是往往某些公关公司抱着无论是正面的还是负面的导向,只要能"火"就行的不负责任心理,使得这种模式被滥用。

6.3.1 什么是分裂式营销

有些互联网上的营销模式,可以改变其中的方案复制到线下,也能起到显著的效果。但是分裂式营销模式只能在互联网的环境下产生。由于分裂式营销的传播速度快,范围广,带来的各种效应使得分裂式营销成为越来越多的公司首选。

由于分裂式营销操作起来比一般传统的互联网营销模式更加困难,表面上分裂式营销的所有载体都是基于用户,由用户进行传播,只需要策划一次简单的舆论事件,引发热点就可以了。但是这种概念性的做法,实操起来却是相当困难的。

1. 策划与突发

互联网上每隔一段时间都会出现分裂式营销的案例,而这些案例有一些被公众所熟知,也有一些并未公开。一个好的成功案例主要靠策划,如之前在互联网上流传的大学毕业生集体结婚事件。这种一传十,十传百的效果如图6-2所示。而有的时候或许只是一时兴起,公司临时决定使用某种行为想要博得更多的关注,如拉面小哥的妖娆舞姿。

图 6-2　分裂式营销示意图

这两起事件都算是比较成功的分裂式营销事件,但经过策划的方案,永远比突发事件做起来更有条理。大学毕业生集体结婚事件,在引爆热点的情况下,因为策划考虑的更加周到,所以在面对记者的询问时,虽说漏洞百出,但是并不影响事件的发酵。而拉面小哥的妖娆舞姿这起事件相信大家通过网络也知道了,拉面小哥虽然一时"爆红",但是惹怒了前同事和老板,因此最后也没能改变自己依旧是拉面小哥的命运。

2. 区别

在上文中有提到,分裂式营销的前身是口碑营销,但是随着互联网的发展,分裂式营销和口碑营销之间的区别越来越明显。口碑营销往往是站在客户的角度,通过对客户的市场调查,知道客户更加看重产品的哪个方面,然后再进行营销。而分裂式营销则是站在公司的角度,贯彻一个字为目的,那就是"火"。而且口碑营销往往是营造好的一面,提高公司的品牌效应,但分裂式营销有时不会顾及这些,从根本上只是希望得到更多人的关注,然后从这些关注的人中获取部分的利润。

案例 6-1　支付宝五福营销事件

随着互联网的发展速度越来越快,各种营销事件也相继而出,分裂式营销事件也不在少数。但是在作者本人看来,真正值得称赞的分裂式营销事件非支付宝的"敬业福"事件莫属。

在 2016 年年初,支付宝开启了一场集 5 福平分两亿现金的活动。这场活动风靡了全国。2016 年能够影响支付宝地位的也只有腾讯的微信了,而支付宝的这次营销事件可以说是完胜微信。当时很多人也感受到了支付宝做出这一举动的用意,因为微信的诞生,使得本来稍有落后的 QQ 再次 "雄起"。支付宝却只能作为支付工具存在于用户当中。于是支付宝通过这次集 5 福事件，目的是希望用户相互添加好友，为以后社交与支付一体化打下基础。

虽然支付宝的这次营销事件值得称赞，但是效果却并不理想。用户的关注点并不在互动聊天上，而是仅仅为了交换福卡。这可能是一场规模最大却效果不佳的分裂式营销事件。集 5 福事件之后，用户互动的焦点依然回到了微信上。

案例 6-2　网红 papi 酱营销事件

2015 年初小视频营销兴起，而从小视频里诞生出的 "网红" 人物也是不计其数。但是能够在成为网红之后打造分裂式营销事件的人，papi 酱（本名姜逸磊）是最成功的一位。papi 酱因为独特的吐槽模式及平台的推捧，很快成为网络红人。而在这重要的时机中，著名的逻辑思维创始人罗振宇看到了机会，于是两人合作，促成了一个分裂式营销事件。

2016 年 4 月，罗振宇主导了网红 papi 酱的视频广告招标，最终上海某公司以 2200 万元的高价胜出。一条视频广告被拍下 2200 万，单凭这一点就是饱受争议的。但是也不得不说它是成功的，该广告的拍价也成为了视频广告的最高价格点。

但是没过多久就传出逻辑思维从 papi 酱撤资的消息，而拍出天价的上海某公司其实是 papi 酱的亲戚所为。这一切的计划无非是为了博得大众的眼球，也就是典型的分裂式营销。

虽然被证实只不过是一场闹剧，但分裂式营销的目的就是为了吸引大家的眼球，而罗振宇和 papi 酱的合作成功也证明了这一点。

6.3.2　分裂式营销的特点

分裂式营销的特点一般都是由一种一对多的营销模式，转变成多对多的营销模式。一对多的营销模式，如目前比较流行的企业站所使用 SEO 和 SEM 模式，都属于一对多的营销。通过做一个目标网站，然后使用 SEO 和 SEM 进行优化和推广，来获取相同目标不同用户的访问，达成成交。这两种模式都是企业针对用户的传播，而分裂式营销则是用户针对用户的传播。那么分裂式营销都有哪些特点呢？

1. 省钱

省钱是所有企业老板最关心的一个话题，分裂式式营销甚至只需要一篇优秀的舆论文章或者视频就可以引爆网络。当然为了网络的安全性，舆论性的文章尽量不要传播成造谣的性质,这需要慎重考虑。在大多数企业中我们可以发现,连知名度极高的品牌都会做广告,因此企业所花的大部分费用都用在了广告宣传费上。而分裂式营销则正好规避了这一问题,只需要一篇文章或者一个小视频,就能使用户自动转发,并且引发社会的广泛关注,再加上媒体的造势,广告费用自然就能省下来了。

2.传播速度快

网络上现在惯用的营销手法是 SEO 和 SEM,但是这两种营销手法的传播速度是很慢的。SEM 相对来说会比较快一点,只要用户搜索相关的关键词就能展现我们的广告。但是 SEM 的费用也是巨大的,一般的小型企业也承受不了。SEM 传播的范围有限,只有用户搜索了才会展现广告,没有搜索的话就不会展现,并不能完全引爆市场。而分裂式营销是自发传播的,它不是像搜索引擎那样需要用户搜索才能展现,而是用户通过将其分享到某个社群,然后某个社群再呈现几何倍数增长的宣传效果。

3.方法简单

无论是 SEO 还是 SEM 都需要经过一些专业的培训,或者一段时间的积累沉淀,才能在这两个领域拥有自己独特的处理方式。而分裂式营销却不用,分裂式营销的魅力就在于传播,传播的人群可以是身边的朋友、家人、同事等。而这些朋友、家人、同事身边又有这样的人(朋友、家人、同事)出现。按照这种模式传播下去,分裂式营销无须花费过多的精力就能达到不错的效果。

4.接收信息快

互联网的便捷就是我们可以随时通过网络接收信息,而各个社群,如贴吧、论坛、微博、微信等都是最有效的传播渠道。尤其是以微博为载体的热点新闻,然后通过微信进行传播,只要是关注该话题的用户,都会第一时间看到这条热点新闻,然后再传播出去。

6.3.3 分裂式营销的传播渠道

分裂式营销的核心原理就是我们作为推广者,只需要做好源头工作和善后处理就可以了。当然光做到这一点肯定是不够的,我们还需要将分裂式营销的内容通过某些渠道传播出去,这样才能受益。就像你预先知道了今天会开什么彩票号码,想中奖的话首先需要买一张彩票才能中奖。互联网的平台有很多，但是需要结合当前的互联网形式而定，如曾经比较火爆的 QQ 邮箱、QQ 群、贴吧等，都是比较活跃的平台，但是随着互联网的发展，这些渠道已经过时了。而目前相对更加活跃的渠道是微信和微博。

1. 微博

微博的出现迎来了新的交互式互联网时代，用户可以随时随地更新自己的想法和动态。微博的全称叫微型博客，因为博客对于用户来说就像写一篇文章，大大增加了使用的频率，所以很多用户都更喜欢使用微博。微博有新浪微博、腾讯微博、网易微博、搜狐微博等。而作为微博的开创者，自 2009 年 8 月新浪微博上线之后就将其他微博平台远远地甩在其后，所以我们这里提到微博的时候，一般都是指新浪微博。

因为微博占据了有效的平台，引进了许多名人入驻，因此吸引了越来越多的粉丝对名人的关注。粉丝都是"八卦"的，后来微博上又出现了大量的"段子手"，更是引发了用户的大量转发。微博所使用的裂变式传播，使一种不同以往任何一种传播方式的信息传播方式开始出现，这也正好结合了分裂式传播的原理。

微博的分裂式营销带来的价值是巨大的。由于微博内容的发布和维护相对来说比较简单，且发布门槛较低可以完全做到实时更新，因此使得越来越多的企业通过微博能第一时间发布自己公司的最新产品，通过各种软文、图片、视频等营销策略来增加粉丝的关注量，以便获取后期更多的利益。

2. 微信

微信不用多说，几乎每个使用互联网的人都会用，甚至不懂互联网的人也在使用。微信是腾讯公司于 2011 年推出的一个为智能手机提供即时通信服务的免费应用程序。当时的很多用户被新浪微博所占据，腾讯以互联网社会一切从简的原则，推出了微信应用程序，并且利用 QQ 应用程序多年所积累的用户群体，通过微信的一键导入功能，使用户可以通过 QQ 账号直接登录微信。果不其然，微信的出现再次将腾讯推至社交软件的巅峰。

微信可以加 5000 位好友，比以前的 QQ 好友数量增加了数倍。而且后面微商的出现，使得微信的用户大量增长，甚至在某一段时间内赶超淘宝网用户量。但是受微商的各种拉下线的传销事件影响，使得微商的热度逐渐退去。之后，微信为了能更好地运营，开放了微信公众号这一平台，更加"引爆"了自媒体。

微信的分裂式营销主要包含 4 步：分裂式源（有自己的联系方式）→推广分裂式源→发布相应的热点视频有效地植入广告→产生意向客户。

3. 小结

微博和微信是目前互联网用户聚集最多的两个平台，虽然我们无法断言未来几年又会出现什么新的产品颠覆我们的思维，但是根据营销的定义，有用户就代表着有市场，有市场自然就代表有利润产生。任何营销模式都不是一成不变的，分裂式营销也不例外。因此需要我们不断地改进方法、渠道和平台，配合当前的互联网形势，制定自己的营销方案，这样往往能达到事半功倍的效果。

6.3.4 分裂式营销的误区和缺点

分裂式营销将传统一对多的营销模式，转变成了多对多的营销模式，其最大的优点就在于给企业省钱。但是在省钱之余，分裂式营销也让一些用户产生了误解，而且分裂式营销并不是没有缺点的。

1. 误解

分裂式营销很容易让人联想到分裂式传播这个让人望而生畏的词汇，但是分裂式营销和分裂式传播是截然不同的两个概念。分裂式营销的完整词汇应该叫做分裂式口碑营销。分裂式营销的载体是一篇文章，一张图片或者一段视频，而并非是能盗取流量和钱财的软件分裂式，只是借助了分裂式传播速度快、范围广的特点，所以叫做分裂式营销。

2. 缺点

分裂式营销最大的缺点就是不能持续吸引市场的关注度，只能凭借短暂的热度一次性获取大量的粉丝和关注。另外一个缺点则是无法简单复制。要想持续获得关注，就需要不断地创造价值。而分裂式营销的模式无法做到这一点，只能通过一些舆论事件来获取关注度。而且由于许多企业急于求成，希望通过一次分裂式营销就能登上搜索热度排行榜，但自己却没有足够好的策划营销方案，最后也只能草草收场。虽然企业短期内获得了利益，但是营销模式一旦被揭穿，那么自己就不是创造舆论事件的策划者，而是舆论事件的当事人了。

3. 分裂式营销只是开始

分裂式营销的策划者不能只考虑眼前的利益，或许某一次的分裂式营销事件策划得很成功，吸引了众多用户的关注，但是接下来要做什么呢？我们都知道，通过用户进行变现才是营销的根本。所以营销策划者需要根据当前的用户，制定可持续的内容方案。分裂式营销的成功在于社交平台有足够多的用户，而并不是该次营销事件策划得多么完美。没有上千万的用户带不来数十万的关注，因此如何持续维护好获得的数十万的关注用户，才是接下来真正该做的事。

第 7 章　WAP 站点优化

WAP 站点优化主要还是集中在互联网的环境下完成的。目前 WAP 站点的优化还在不断地完善。各类网站开发公司都在集中开拓新的功能，通过新的 WAP 领域来寻找新的业务渠道。对于一些传统模式的企业来说，他们对 WAP 站点的优化还知之甚少。WAP 站点现在更多的是通过识别代码来判断是否为手机类设备，然后再根据前端代码进行不同尺寸的识别。尽管如此，WAP 站点带来的流量也在日益增加，在没有完全摆脱计算机设备的情况下，WAP 站点的访问用户正在超越计算机用户。

要做好 WAP 站点的优化，同样需要一个载体，这个载体就是 WAP 网站。

7.1　WAP 网站

WAP 网站拥有的大量用户市场是客观存在的事实，而有市场就会占领市场，因此如何做好传统企业在 WAP 领域的优化，还是一个新课题。

虽然在表现形式上，WAP 网站要弱于其他类型的网站，如对于图片、动画等表现力度不够，但企业要开展 WAP 网络优化，还需要建设自己的 WAP 网站。

7.1.1　什么是 WAP 网站

WAP 网站也叫手机网站。一个完整的手机网站如图 7-1 所示，主要是用户通过手机、平板电脑等移动设备访问某个网址时所展现的网站页面。因为智能手机的出现，加上 3G、4G 及 WiFi 的普及，越来越多的用户喜欢通过手机来查找资料，于是 WAP 网站就随之诞生了。因为手机和平板电脑等移动设备与计算机设备的尺寸不一样，所以当我们需要经营 WAP 网站的时候，就需要适应各种手机的尺寸了。

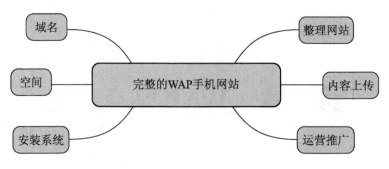

图 7-1 完整的手机网站

1. 分类

虽说手机端的站点相对计算机端来说更容易，操作也更简单，但是也不能一概而论。简单的手机网站往往只适用于中小企业，一般叫做自助型建站。由于互联网上傻瓜式建站程序越来越多，所以这种网站的搭建，更多的不是运用技术而是操作了。另外一种站点相对来说就比较复杂些，往往也是大型公司所需要的站点，这种类型的公司都有自己独特的需求，所以更多的是技术，是运用在开放上。

2. WAP浏览器

WAP网站是通过手机访问的，因此要给手机访问一个入口，而这个入口就是WAP浏览器APP。说到手机浏览器，相信大家最熟悉的就是UC浏览器了。UC浏览器是第一款热门的手机浏览器，现在的用户数量依然很多。另外一款热门的手机浏览器可能有人认为是百度浏览器，其实对于手机市场来说，位居第二名的手机浏览器是QQ浏览器。

其实大部分浏览器的功能差别并不大，只是其内部数据不同。在做网站的时候，不仅要考虑用户移动设备的大小，也要考虑每个浏览器的兼容性。虽然不一定保证所有的手机和浏览器都能兼容，但至少要做到能兼容主流的手机和手机浏览器，这样才是一个合格的前端。

3. 趋势

由于手机网站近几年的快速发展，使越来越多的用户开始使用手机上网。因此手机搜索也逐渐成为主流，我们不可能时刻带着计算机去上网查阅自己想要的信息，而且计算机也需要无线网络，但手机却可以随时携带，通过流量就可以上网查找想要的信息。

虽然移动搜索引擎的数据来源也是百度等计算机端的搜索引擎数据，但是如果该公司并没有搭建一个合适的移动网站，即使网站能够获得相应的排名，用户也不会长时间地停留。没有移动端的计算机网站（不过是计算机端的缩小版而已），用户是无法获得准确的信息的。当用户连基本的查阅都困难的时候，想要达成合作交易是难上加难。

所以移动网站的趋势是显而易见的，一个移动网站的搭建会使用户的搜索方式越来越便捷，越来越轻松。社会在不断进步，我们更多的是要顺势而为。

7.1.2 WAP 网站和 PC 端网站的区别

PC 端网站又叫计算机端网站，由于计算机的发展起源早于手机，所以用户最早接触的是计算机端的网站。计算机端的网站整体来说已经过了高速发展的时期，但是计算机依旧无法被轻易取代，所以计算机端的网站依然有存在的必要。

由于近几年移动网站的高速发展，使用移动网站的用户甚至超越了 PC 端的用户，手机已经成为了访问网络的第一大终端平台。随着用户习惯的改变，PC 端网站转型成 WAP 网站已经成为一种需求。

WAP 网站发展时间并不长，对于 SEO 工作者而言，如果想要更好地对 WAP 网站进行优化，应该从根本上了解 WAP 网站和 PC 端网站的区别。

1. 访问方式不同

在二维码这一功能没有出现的时候，WAP 网站和 PC 网站的访问方式遵循的都是搜索引擎定律，主要方式也是通过输入网址和搜索关键词进行访问。由于 WAP 网站的便捷性，而且为了迎合用户少操作的原则，WAP 网站除了通过输入网址和搜索关键词进行访问之外，又多了一个使用微信二维码直接访问的功能。

2. 风格不同

PC 端网站的用途可以说实操性更强，绝大多数自主学习的用户往往会使用 PC 端进行访问，这就造成了 PC 端是一个显示比较详细的网站，而手机端因为屏幕大小的原因只是展现一个大概的网站。而用手机访问网站的用户更多的只是为了浏览，并非全面地了解网站。

PC 端的网站更多的是展现详细的内容，越详细越好；而手机端更多的是咨询、访问及留言等小而简的网站。手机端的网站主要表现为数据小、访问快等优点，这两个优点也足以提升手机网站的价值。简单来说，WAP 网站是 PC 端网站的简洁版，风格更加明确。

3．手机网站的优势

手机网站之所以能快速发展起来，是因为越来越方便用户的需求。手机网站因为数据少，打开速度一般比较快；因为 QQ 和微信用户量庞大，只要通过分享功能就能快速让用户访问我们的网站。此外，手机网站还有一个最显著的功能就是可以直接拨打电话，用户通过点击网页上的电话号码，可以直接拨打电话，方便沟通。

7.1.3 如何搭建一个合适的 WAP 网站

在做 WAP 网站之前，首先要清楚公司是否已经有了一个 PC 端站点，如果有了一个 PC 端站点，可以通过程序设置，直接访问 WAP 网站。如果没有搭建 PC 端站点，建议最好搭建一个，如果已搭建了而不知怎么进行程序设置，那就重新做一个 WAP 网站吧。

1．PC和WAP同步

有人会说，既然 WAP 网站这么流行，那我可不可以只做一个 WAP 网站而不做 PC 网站呢？这个问题并没有绝对性的答案，但是有分析才有结果。从营销的观念考虑，这两个站点都是必须存在的，一个 PC 端，一个 WAP 端。SEM 最初主推的也是 PC 竞价落脚页，后面才开始进行 WAP 推广的开发，二者一方面访问的网址不同，一个是展现 PC 端的网页，一个是展现 WAP 端的网页；另一方面二者出价的比例不同，以现阶段来说，移动端的出价比例是高于 PC 端的。

2．域名

PC 端网站的域名常见的是以 www 为首的域名，而 WAP 的域名并没有一个明确的指向。因此为了能够更好地和 PC 端的域名相呼应，一般以 WAP 和 M 为首的域名通常为手机站。

3．数据同步

移动网站（WAP 网站）的具体制作流程和 PC 端网站的差异并不大，所以在这里依然推荐使用 DedeCms 进行网站的搭建。除了相同的操作流程之外，针对前端来说，更多的是考虑网站的兼容性。而针对后台程序来说，因为两个网站是不同的域名，这就导致会出现不同的后台，数据也不一样。当然，如果公司可以有多余的时间进行更新的话也无可厚非。但是为了省时，在这里建议尽量使用同一个数据库，这样只要 PC 端更新一次，手机端也会同步更新。二者只是前端的模板不一样，发表的文章却是相同的。

7.2 优化 WAP 站点

既然有了移动网站和移动搜索引擎，那么就需要进行移动网站优化。在 WAP 网站发展并不完善的环境下，WAP 网站的 SEO 也在不断地开创全新的优化模式，希望以此来开创 PC 端网站 SEO 的另一块新大陆。

7.2.1 用户角度优化

移动网站的优化已经历时几年了，但是许多网站仅仅只是将 PC 端的网站复制到了 WAP 端。使用移动端访问网站的用户，目的一般都很明确。所以当他们通过手机访问网站的时候，作为网站 SEO 人员必须尽可能地站在用户的角度，提高用户的体验度。

1. 网站全局

一定要记住网站的全局优化是从根本上解决移动端的问题，经过前端的适当切图、排版，能更好地将网站页面展现给用户。掌握全局优化的技巧是必不可少的。例如，高度不限，但是宽度一定要控制好，在满屏的情况下浏览网页是最适合用户体验的。一般来说，用户习惯通过上下滑动来浏览网页，而不是左右滑动。

2. 导航越简单越好

PC 端网站之所以会使用很多的导航栏，是因为 PC 端的数据过于庞大，并且 PC 端的网站屏幕足够大。而移动端则不是，移动端网站最好只保留一些最重要的选项即可。在排序上也要依据价值越高的排在越前的原则，并且导航栏切忌出现难以理解的专业词汇。

3. 快速搜索

搜索功能无论是对搜索引擎还是对网站来说，都是必不可少的一部分。主要用途是通过搜索功能搜索站内的相关信息。因为网站往往不能直观地展现用户想要的信息，如果这个时候在手机端某个特别显眼的地方添加一个与屏幕尺寸相符的搜索框，也能加深用户对网站的喜爱程度。

4. 固定且适应

固定且适应其实是一个意思。固定指的是针对某一个手机的固定屏幕尺寸，进行固定尺寸的网页代码编写。而适应则是根据手机屏幕尺寸不同，通过判断的代码语句进行区分。例如 iPhone 4 的屏幕尺寸和 iPhone 6 屏幕的尺寸是完全不同的。但是通过判断之后，就能根据屏幕尺寸的大小显示不同的样式。

5. 当前页面打开

用户在 PC 端访问网站之后，通过点击新的链接打开新的网页时，一般会出现 3 种情况：第 1 种是在当前页面打开，第 2 种是在新页面打开，第 3 种是在新窗口打开。但是在 PC 端常用的是关闭按钮，所以为了方便用户查看新的网页，一般会在新页面打开功能。而手机端常用的是后退功能，所以将所有的页面都使用在当前页面打开功能是最好的。

7.2.2 搜索引擎优化

在针对用户的角度进行优化之后，剩下的就是针对搜索引擎的优化了。在用户角度的优化是方便用户，而搜索引擎的优化，则是为了获取好的排名。WAP 站点搜索引擎的优化远远不及 PC 端的优化受重视，现在移动端的许多排名都是 PC 端的信息。这个时候可能有人会问，移动搜索显示 PC 端站点的排名，那么 PC 端站点的域名和 WAP 站点的域名是不一样的，那么手机不就是访问 PC 端站点了吗？其实这种情况是程序人员解决的，一般会在 PC 端的页面添加一段识别跳转代码，如果是手机用户访问，则会跳转到手机网站。当然这种排名的现状不会维持太久，否则就不需要区分 WAP 站点优化和 PC 端站点优化了。

1．移动端抓取

由于目前移动端的搜索引擎数据并不完善，所以只能抓取少部分的移动站点数据。如果真的能够做到 WAP 站点和 PC 端站点的数据分开，还需要一个过渡的过程。相信这一天不会太远，那时便会产生一批新的 WAP 流量巨大的网站，而并非现在的 PC 端站点和 WAP 站点排名同步。

移动端抓取一直在进行，只是抓取的方法和方式不一样。移动端的抓取往往通过抽样抓取的方式，并不会全部抓取，当然也不会一条都不抓取。判断方式是 WAP 站点的网页更小，数据更精准，打开速度更快。

2．传统优化

我们并不敢断言，未来移动搜索引擎是否会进行 SEO 方式的调整，但是就目前的现状来说，PC 端的 SEO 方式同样是适用于移动端的。例如网站三大要素的撰写和站外链接引流，这两种模式目前来说都是适用的。因为互联网上并没有直接的数据显示站内优化的方式也是一样的，所以这里我们不多加考虑。

3．相关搜索不一致

在做 PC 端搜索引擎优化的时候，我们会考虑在两个很重要的地方扩充我们所优化的词汇。一个是搜索下拉框，另一个是相关搜索。但是在 WAP 端和 PC 端上两者的数据不一样的。主要原因是这两个地方的展现都是根据用户的搜索习惯而定的。而 PC 端和 WAP 端的用户搜索习惯肯定是不一样的，所以目前网络上出现了一些刷搜索下拉框的公司。搜索下拉框中推荐的一般也是用户需要查找的信息，自然对用户点击排名的转化是极好的。

7.2.3 速度优化

根据搜索引擎对网民的市场调查显示，高达 90%以上的用户对于网页的打开速度尤为重视。如果超过三秒以上，除非是用户特别希望获取的信息，否则会直接关闭网页，不再等下去。这也证明了，如果网页的打开速度太慢，既使我们的网站排名再好，网站做得再炫酷，都是没用的。网站打开速度过慢或者根本打不开，失去的不仅仅是这一个用户了。

1. 原因

影响网页打开速度的原因有 3 种：信号较差、图片过大或死链打不开、网站已经处于关闭状态。

第 1 种情况：目前手机的网络除了 WiFi 之外就是流量。由于 WiFi 信号并没有覆盖到每个地方，并且公用 WiFi 的地方都会有大量的人在使用，依然会导致网速过慢。除了 WiFi 之外，大家使用的就是流量，而流量又分为 2G、3G 和 4G 网络。虽然现在已经普及 4G 网络，但是 4G 网络存在资费高，消耗过快的缺点，因此仍有一部分用户使用的是 2G 和 3G 的网络。所以当用户使用 2G 和 3G 网络的时候，会导致网站打不开或者加载速度过慢。

第 2 种情况：手机网站本身不会存在大量的数据，但是有些时候打不开网页是因为图片没有进行压缩，浏览器一直在加载图片，加上网速不理想，就直接导致网页打开速度过慢。另外一种现象则是死链，尤其是 JavaScript 类的死链。死链的出现会不停地返回 HTTP 而无法继续加载。

第 3 种情况：网站关闭的原因也有两种：一种是因为黑客的恶意攻击，导致无法正常访问，服务器进行防御而关闭网站；另一种则是程序员直接关闭网站，具体原因不详。

2. 解决办法

第 1 种情况的出现和网站打开速度没有直接的关系，需要用户查看自己的网络状态是否正常。

第 2 种情况的解决办法是剔除没有必要的死链代码，并且通过 Photoshop 等图形操作软件对图片进行压缩。

第 3 种情况的解决办法是通过网站安全监测工具查出是否存在垃圾黑链，如有则进行删除；如果是程序员自己的原因，让程序员启动服务器上的网站即可。

以上 3 种情况中，第 2 种情况是最常见的，也是我们需要重点优化的。

7.2.4 转码优化

随着 WAP 站点的普及，虽然大多数公司都能请到相应的技术人员来搭建一个全新的 WAP 网站，但是有些网站却因为没有做好合适的 WAP 网站，而被百度强行自动转码。

1. 百度转码

百度转码主要是为了方便一些没有做 WAP 站点的公司，通过使用百度手机浏览器，访问某个没有 WAP 站点的网站也能达到访问 WAP 站点的效果。但是该项功能的数据太过庞大，百度也只能从中剔除一些 PC 端网站中无法适应 WAP 网站而无法显示的内容。百度认为这一做法是非常符合目前用户的体验习惯的，但是这一功能并不完善。

2. 好处

百度转码首先必须是用户通过百度搜索引擎访问的网站才能进行转码。其好处是能够有效地删减 PC 端网站多余的代码，当用户访问没有 WAP 网站的网页时，速度更快，更省流量。

3. 坏处

虽然转码之后提高了用户打开网站的速度，但是百度转码还不能仅通过简单的识别，就将一个 PC 网站转变成一个合适的 WAP 网站。所以当转码完成之后，大多数网站都会出现乱码、排版不均等现象。从用户的角度来看，一个杂乱无章的转码后的网站，何来用户体验？从站长工具的统计数据来看，因为统计代码是经过 JavaScript 加密的，这就导致统计不到 WAP 网站的流量数据，因而无法准确地进行分析。

4. 转码并不利于优化

很多人会说因为是百度自己的产品，所以通过转码之后的网站更加利于搜索引擎优化。其实这种观点只不过是一些 SEO 人员自己臆想出来的，并没有实际根据。细心一点的 SEO 人员会发现：虽然网页是由百度转码而来，但是网址却还是百度的解析网址，并不是我们自己网站的网址；另外绝大多数转码后的网站都是杂乱无章的，连一个简单的网站结构都没有，更不要提优化了。

7.2.5 细节优化

通过 7.2.1 节至 7.2.4 节的介绍，我们可以从各个重要的几个方面进行优化，但是这样做还远远不够。当我们的大方向确定之后，就需要进行网站细节的优化了。细节优化一般指域名优化、URL 静态优化、标题优化、内链优化和地图优化等。

1．域名优化

不要另外重新注册一个域名来做 WAP 网站，我们只需要解析一个二级域名，将 www 改成 m 或 WAP 即可。域名优化一定要有自己独立的服务器，一般类型的主机不支持二级域名配置。

2．URL 静态优化

针对任何搜索引擎来说，静态的 URL 网址是最利于优化的。所以我们在做手机网站的时候同样如此，可利用程序配置进行网站静态化，或者直接利用 DedeCms 等直接静态化的开源程序建站。

3．标题优化

WAP 站点的标题一定不要与 PC 站点的标题完全一致，尽量简短突出关键词，并且控制在 10 个汉字以内。如果完全相同的信息出现，则不利于优化。

4．内部链接优化

内部链接优化没有明确指出，但是就目前尚不完善的 WAP 搜索市场而言，内部链接的优化同样也是有必要的，以保证网站内部的联通性。

5．站点地图优化

在网上可以快速找到网站地图生成器，生成好的地图文件放在站点根目录下即可，方便移动搜索引擎爬行和收录。

7.3　WAP 站点优化注意事项

移动站点俨然已经成为了互联网的一个重要组成部分。以目前作者多年的 SEO 经验来看，如关键词、网站树形结构、URL 设计、原创文章及常见的 PC 端站点优化同样适用于 WAP 站点的优化。因此没有必要将 WAP 站点优化当成一个全新的领域，只要做好基本的 SEO 优化，创造利于用户体验的内容，WAP 站点其实也可以有很好的排名。

我们除了要创造更多利于用户体验的内容之外，也要减少一些因为 WAP 站点与 PC

端站点的不同而对用户访问造成的困扰。这里总结一些 WAP 站点优化的注意事项,有效地规避这些问题,将大大提高用户体验的满意度。

7.3.1 精简内容

一定要记住这个观点:WAP 是一个相对来说很小的网站,所以网络上的数据能精简就精简,能删除就删除,留下太多没有必要的信息反而会使网站打开速度过慢,导致用户浏览不到想要的信息,或者因信息加载时间太长而使用户没有兴趣继续浏览下去。

1. 隐藏导航栏

PC 端站点因为数据庞大,经常会添加各种子导航栏,但是手机屏幕如果堆积了很多的导航栏反而不利于用户浏览网站。所以 WAP 站点要大幅度地减少导航栏,或者隐藏导航栏,将重要、核心的几个导航栏放在显眼的位置即可,然后添加一个类似可以展开的按钮,以方便用户寻找其他导航栏目。

2. 删减硬广告

硬广告是指一眼就能看出来是广告宣传,这在许多 PC 端站点很容易看到。因为 PC 端站点排版起来相对复杂,为了方便用户区分层级,在每一个层级中间往往会放入一个硬广告作为过渡,就像写文章会用小标题区分是一样的。但是在手机端就不行了,因为手机端的内容有限,无法加入太多的硬广告,否则会影响手机的加载进度,用户体验也不好,所以直接加入一个聊天工具更适宜。

3. 其他删减

PC 端站点上拥有太多的引导性标签,如相关文章、推荐、Tag(标签)等。这些在手机上都是可以删减的,删减这些没有必要的内容可以减少因代码过多而导致网站打开速度过慢的问题。

4. 能删则删

在 WAP 站点就不要做 PC 端站点那样多的特效了,这种特效如果没有必要可以直接删除。对于 CSS 代码也一样,如果隐藏的信息太多,那么不如不要了。这样的隐藏只是让用户不用一次浏览太多的信息,却并不能给搜索引擎带来好感。

7.3.2 尺寸定位

尺寸定位用专业的术语可以叫做兼容性，当然兼容性包括很多方面，并不是尺寸定位这一点。由于 PC 端站点的尺寸一般可以是固定的，而固定的点也体现在宽度上。例如 PC 端站点常用的宽度尺寸为 1024 像素（px），不需要前端人员在这个页面的基础上耗费功夫。但是对于 WAP 站点就要特别注意了，如果我们用 640px 作为标准的话，那么当用户用 320px 的手机访问的时候，就会使网站只能显示一半大小。这种情况的出现，会使用户直接跳出网站。所以当我们做 WAP 站点的时候，尤其是前端技术人员，必须要清楚地了解目前主流手机所使用的尺寸大小。而目前主流的手机是 iOS 系统和 Android 系统，所以我们只需要了解这两个系统下的手机的各种尺寸即可。

1. iOS系统

iOS 系统的 iPhone 手机，从 iPhone 4 开始到 iPhone 7 Plus 及 iPhone 8，尺寸是越来越大。对于 iOS 系统的手机，一般考虑两个尺寸，即 320px 和 640px。如果是平板电脑的话，也可以通过跳转识别，但是大多数公司都会重新建立一个以 iPad 为首的网站，方便 iPad 用户的访问。

2. Android系统

Android 系统常见的手机尺寸有 480、720 和 1080 px3 种。

3. 主流尺寸

在我所从事的行业中，对于 WAP 站点的搭建，更多针对的是 320、480 和 640 px。所以前端技术只需要进行一段简单的判断即可。当然如果其他行业存在其他尺寸，也可以进行再次识别。

4. 识别

一个 WAP 网站之所以会出现半屏或者超屏的现象，完全是因为字体大小的原因。所以在 WAP 站点中更多的时候不会使用 px（像素）来写代码，而会使用 em 或者 rem 进行一种自适应的区分。切记 em 和 rem 不能同时出现在同一个页面中，否则会出现一大一小的加载停留情况。

7.3.3 按需加载

按需加载功能曾经是非常火爆的一款功能,许多网站程序员都会使用这一功能。按需加载的意思是,当用户通过下拉网页到达某个区块的时候才开始加载。这种加载功能主要是不用一次加载完成,而是通过用户访问到哪里就加载到哪里。一般来说大型的网站因为数据庞大,加载时间往往会过长。由于网站采用的都是全局加载,但是全局加载往往会出现如果不能一次加载完成,那么网站就会因为打不开而导致用户流失的问题。

1. 影响

之所以要进行按需加载,是因为目前来说手机的性能相比计算机弱一点,利用按需加载则可以加快手机用户的访问速度。而且手机网站也需要加大数据的填充,一个特别简单的网站是无法满足用户需求的。

当 WAP 网站页面不断添加内容的时候,网页会越来越大,当手机访问 WAP 网站的时候往往会出现延迟,而延迟现象也会导致网站加载速度过慢。

2. 好处

使用按需加载进行网站优化的时候,往往需要合理地进行动作的触发。按需加载最大的好处就是减少不必要的资源请求,节省流量,并真正实现了需要才展现的原理。如果使用下拉滚动条来实现按需加载功能,那么我们最好以一个与屏幕相同的距离进行按需加载。例如,以手机屏幕的大小为标准距离,每滚动一屏则加载一次。这样可以大大减少资源损耗,并且能对用户进行友好展现。

3. 小结

按需加载体现在代码技术上,主要分为文字按需加载和图片按需加载两种。当然在实际使用过程中按需加载更多的是表现在 HTML 的按需加载,只需要前端人员在编写 DIV 代码的时候,加入相应的按需加载代码即可。

第 8 章　SEO 的盈利之路

学习了 SEO 之后，我们就需要考虑一个很重要的问题了：那就是怎么变现。在互联网上 SEO 有两种比较流行的变现模式：一种是刚毕业的大学生，往往从外推开始做起，一步步做到 SEO 这个职位；另一种属于个人站长，个人站长会通过 SEO 方式带来流量。大多数的个人站长，也是通过流量带来广告点击量从而变现的。

8.1　网站盈利并不难

有些人觉得通过网络盈利的方式很简单，如淘宝、微商都是主流的挣钱模式。但其实当我们学习了 SEO 之后会发现通过网站盈利也不难。一个网站除了投入域名和空间之外，不用再花费其他太多的成本。至于技术方面，在网络上有许多"傻瓜式"建站的经验分享，用心学就能学会如何快速建站。

域名和空间都是按年买的，总的费用一般在 300 元/年左右。只要用心经营我们的网站，想要通过网站挣钱也很轻松。当然前提是必须用心做好网站和 SEO。

笔者本人除了偶尔帮客户搭建一些新的网站挣钱之外，更多的是利用以下 4 种方式盈利：流量、出租二级域名、做有趋势的网站、提供服务。这 4 种网站盈利的模式也是目前站长圈最主流的模式。

8.1.1　流量盈利

我们经常会在网站上听一些站长提到自己的网站流量又增加了。为什么流量增加他们会高兴呢？因为流量是可以盈利的。流量越多的网站，盈利的机会就越大。因此首先我们要了解流量是什么？流量为什么可以盈利？怎么通过流量盈利？

1. 流量是什么

我们这里所说的流量指的并不是手机的流量,而是网站流量。字面解释也可以理解为网站的浏览量、访问量等。网站的流量不仅仅是通过搜索引擎搜索关键词,只有用户进入网站才算是网站的流量,通过第三方外链访问、文章分享访问及直接访问的用户,都可以叫做流量。

网站流量也分为有效流量和无效流量,根据搜索引擎的定义,网站最有效的流量是用户通过搜索引擎搜索关键词访问的流量为最有效的流量。通过第三方网址和分享到社交平台的流量也可以叫做有效流量。而直接通过访问网站,用软件刷阅读量及刷用户点击量的都称之为无效流量。

2. 流量为什么能盈利

流量等于钱,请记住这 5 个字。如果你的网站每天都有大量的用户来访问,那么这就是流量。我曾遇到一个拥有权重是 6 以上的原创小说网站的站长,因为他说他一分钱都不挣,只是希望更多的原创作者来这里写文章,并不是为了盈利。当然这种人终归是少数,如果你有一个权重是 6 以上的网站,每个月的收入都会赶超一般的白领。

流量之所以盈利,是因为用户就是"钱"。可能这里又有人会问了:用户又没有花钱,那我们怎么盈利呢?其实如果说每天有 1 万个有效访客通过搜索引擎来到我们的网站,而我们的网站上又放置了许多公司的广告联盟,这 1 万个访客中假设只有十分之一的访客点击了网站所放置的广告,按平均 3~5 角/次进行收费,那么就是 1000 乘以 0.3(0.5)=300(500),这样算每天就有 300~500 元的收入,那么一个月的收入就可想而知了。

当然广告收入的多少,具体需要根据广告联盟提供的广告费来收取,而且谷歌广告联盟是按照美元结算的。

3. 怎么通过流量盈利

通过前面的介绍我们知道,放置广告联盟直接收取的广告费是最直接、最省事的办法。只要网站拥有足够多的流量,就不用怕广告联盟不盈利。至于怎么通过流量盈利那就很容易理解了,我们只需要在各大平台上注册一个广告联盟账号,然后将获取到的广告代码平均分布到网站的各个广告位上即可。

8.1.2 出租二级域名盈利

在许多 SEO 营销群里经常遇到二级域名出租的广告。如果我们也有一个权重至少是 5 以上的网站，也可以进行二级域名的出租。主站权重越高的网站，二级域名的价格就更高。价格一般维持在 3000～5000 元/年。

个人站长的域名不建议出租。首先个人站长的主站权重并不高，其次个人站长一般也没有这么多的精力去维持一个二级域名的用户。所以如果我们希望通过出租自己网站的二级域名来盈利的话，最好和相应的中介公司合作，往往会更省心。

1．二级域名

一个主域名可以解析 N 个二级域名，但是解析的二级域名太多对服务器也会有影响。所以一般服务商都会限制解析个数，通常最多解析 99 个二级域名。那么我们可以换个角度，一个权重是 5 以上的域名，通过出租二级域名的方式，一个二级域名 3000 元/年×99，则一年的纯收入就有 29 700 元，而且只用做一些二级解析工作就可以了。

2．出租类型

个人站长的出租域名并不多，绝大多数出租二级域名的都是一些地方门户网站和地方新闻网站。这两种类型的网站，往往有许多人进行维护，所以出租的话更方便。

3．好处

对于拥有域名的卖家来说好处是能够盈利。而对于买家来说，一个高权重的二级域名网站，因为主域名的权重高，对二级域名的优化也是大有好处的。

8.1.3 做有发展前景的网站来盈利

由于互联网的高速发展，各行各业也都纷纷进军互联网，但是对于许多传统经营模式的行业要想以一个新的姿态进入互联网，虽然是比较困难的一件事，但是并不代表没有机会。互联网在进步，社会也在进步。许多行业都在转型，而从转型的角度来看，也会引发一些新的行业出现。我们可以通过多关注国家的政策及一些大型互联网巨头所提出的全新概念着手，打造一个有发展趋势的网站。

1. 线下火爆线上没有

有一些行业是因为政府启动了某些项目，随后将这些项目分批次地给各个企业。要知道并不是所有的企业都是依靠互联网进行营销的，他们采用的可能是传统的营销方式，也就是电话销售。这种情况就是典型的线下推广，线上没有任何信息。

这种时候就需要抢占先机了，因为在不久的将来一定会出现在线上。比如我于2015年4月操作的一个政府分拨的项目：前海新四板。因为有人介绍，因此我去了前海股权交易中心听课，并了解到现在许多老板都是第一次听说这个概念。之后我回到家查了一下，发现只有一家公司在做这个推广，而且还不是SEM的付费推广。所以我决定接下这个项目，并开始建站、优化、发外链等工作。

到了2015年9月的时候，几乎每天都有向我咨询的人，6万元一单的新四板项目，一个月就有十几万元的利润。慢慢地，了解内幕的人越来越多，并且开始使用SEM竞价推广，因此导致网络市场越来越不好做。

但是抓趋势盈利的模式是有必要存在的，趋势不好判断，但是如果抓住了机会就能够盈利。

2. 线上首发雏形

在三大巨头BAT的领导下，互联网正在飞速发展。我们可以多多关注他们所发布的一手信息，就像曾经手游的出现，在那个没有智能手机的年代，手游的概念是很陌生的。如果我们能够抓住这个概念并进行优化推广，也可以从中盈利。当然不仅仅是手游，每个时代都有每个时代的产物，如果抓住机会就会走向成功。例如，微博有刷"粉"的，有"段子手"，微信公众号也有"大V"推荐，以及特别热门的微信小程序等。

这些信息虽然一开始都是属于内部信息，但是如果我们能够获得一手信息，如微信小程序刚刚出现的时候，我们可以创建一个与微信小程序相关的网站。在没有用户搜索的前提下，微信小程序这个词是很容易上首页的，而且上首页的排名是稳定的。而现在越来越多的人开始关注微信小程序，如果现在再去优化这个关键词已为时已晚。像微信小程序这种关键词趋势带来的流量可想而知。

3. 理性分析

什么叫趋势？我理解的趋势就是那些刚开始有些事情自己知道却没有着手去做，过一段时间这件事成为热门事件，自己又追悔莫及的事。

抓住趋势并不容易，有时间可以多去参加一些大型公司的活动，判断他们的实力如何，是不是真的有发展趋势。当我们发现一个有发展趋势的项目或行业的时候,为了更好地利用互联网这个平台,一定要好好考察这个项目或行业是不是在线下有大量的人员进行电话销售,因为有些有价值的用户并不一定会时刻关注互联网,他们获取信息的渠道有可能是电话推销。

就像我之前说的前海新四板,针对的用户是中小企业的老板。老板一般是没有时间关注这些信息的,基本是通过电话推销进行初步的了解。有兴趣的老板会通过互联网查找并了解前海新四板到底是什么。这样通过我前期所做的优化排名就能得到大量的企业老板信息,并且慢慢地进行转化了。

8.1.4 为客户提供服务来盈利

有些站长觉得仅依靠网站的广告费收入太少了,做到一个权重为 6 以上的网站对于现在的互联网企业来说是千分之一的概率,因此不如给客户提供服务,能直接盈利。一般来说,像企业内训、讲师及 SEO 和 SEM 都能通过服务赚钱。例如,一些通过自媒体打造的一个关于 SEO 的网站,他们的网站流量并不高,也无法做到通过广告联盟来盈利,所以会在自己的网站上发一些外包的服务,如接一些 SEO 优化站点的服务,以此收取服务费;以及通过操作 SEM 竞价账户的托管形式来盈利。

1. 好处

自身不需要投入太多资金,一方面可以塑造自己的专业形象,创建自己的粉丝群,以方便更多的人学习;另一方面可以加强对自身的管理,促进自己不断学习的欲望。可以通过接一些 SEO 优化站点的工作加强实际操作的能力,通过实践来提升自己的实力。当然通过这些工作还能收取一定的服务费,增加自己的收入。

2. 难

想要通过提供服务盈利,必须要经过很长一段时间的沉淀。首先要做的是打响自己的品牌,将自己打造成一个专业企业的形象,不能有任何污点和负面的影响。因为你是提供服务的站点,而不是一个草根自媒体可以随意发布自己的观点,所以需要通过大量的时间去维护自己的形象,和粉丝沟通,慢慢地塑造自己在粉丝心目中的地位,让粉丝觉得自己确实是有技术、有实力的。

现在很多行业都在依靠互联网盈利,所以我们要清楚,在互联网时代,我们也可以通过自己的努力,在互联网上赚取额外的收入。以上 4 种通过网络盈利的方式都需要我们自身具备一定的经验和扎实的技术，所以在我们想要盈利变现之前，更多的应该考虑怎么提升自己的实力。

8.2 实操经历——自媒体周入两万

我是一名拥有 8 年互联网经验的"老兵"，从最初读大学的时候通过 Photoshop 设计 QQ 空间开始，然后慢慢地接触淘宝客，自学程序建站、优化，再到毕业之后去公司锻炼，然后辞职创业。期间我接触过电商、教育、医疗三大行业。

在实操方面我也积累了很多经验，下面与大家分享一下我近两年的创业经历中最成功的一个案例，那就是周入两万的项目经历。

在写我是如何通过自媒体达到一周收入两万的经历时，要先强调一下，没有一件事是一蹴而就的，都是需要通过时间积累的。

自媒体现在对大家来说已经不陌生了，很多人投身于自媒体这个领域，希望能够在互联网平台上分一杯羹。其实拿自媒体这个行业来说，并不是人人都能做的。就像 2014 年我创业的时候还没有什么全民创业一样，随后越来越多的 90 后年轻人走向创业的舞台。这里可能有人要问了：难道 80 后的人没有创业的吗？当然有，并且是一抓一大把。自媒体也同样如此，只要你能写文章，你就能做自媒体，其实这纯属"骗人"的。更加重要的一点就是，许多人开始进入自媒体，是因为自媒体能挣钱，这个观点在我看来就是错的。没有三五年的写作功底，就想通过一个全新的领域挣钱，世上哪有这么简单的事呢？从 2014 年开始，我坚持每天写原创文章，一方面是锻炼自己，另一方面是为了记录自己的创业之路。写文章确实简单，但是往往越简单的事情，想要做好并且靠此来盈利，那就是一件非常困难的事了。

到目前为止我写了将近一百多万字，这其中的经历也只有自己能体会。而且在 2014 年的时候，自媒体并没有如此热门。我写文章的初衷也是觉得写文章相比读书来说是一件更有价值的事。最初我只是在一个论坛上写，之后开始在一些文学网站上投稿，并且开始入驻一些网络平台。最开始我入驻的网络平台是"今日头条"，目前我的文章"今日头条"的阅读量总计有数百万以上。后来我进入简书网并成为简书网的签约作者，慢慢地又被其他各大网站邀约入驻，如搜狐自媒体、企鹅号及一点资讯等。

但是真正使我月入两万的却并不是这些网络平台，这些网络平台除了"今日头条"会根据阅读量给作者分一定的广告费之外，其他平台都只是提升名气的一个入口。使我真正盈利的网络平台是"百度百家",注意是百度百家,而不是百家号。当然二者现在已经合并了,而百家号的出现也"扼杀"了我以后长远的盈利计划。

"百度百家"是百家号的前身。其实百度百家是较早开创自媒体概念的网络平台,寓意是百家争鸣。但是由于百度百家给予的流量并不充足,加上疏于管理,导致一些垃圾信息的产生。于是从2016年开始百度百家便大规模地推广自媒体平台,也就是现在的百家号。百度百家的要求是非常严格的,需要邀请入驻,而百家号却是可以随意注册。百度百家作为自媒体网络平台,与其他网络平台一样,可以日发5篇文章,百家号通过申请后每天只能发表一篇文章。而且百度百家是可以留下联系方式的,而百家号却不能留下联系方式。这些简单的介绍,是希望大家清楚百度百家和百家号的区别,虽然也许知道百度百家的人并不多。

我在"月入十万的两次经历"中写到过,当时做新四板项目时会接到许多咨询电话。而大多数的人都是通过我在百度百家上留下的联系电话找到我的。现在大家应该明白我说的周入两万是怎么回事了吧,其实就是通过百度百家获得了非常好的排名。有个好的排名是可以带来很大收益的。当然,这次我不是利用排名去做业务,而是直接利用排名来盈利。

2017年4月份,我之前从事的金融项目都趋于稳定,于是便开始思考如何能够有更多的盈利,就在这个时候,我的一个医疗圈子的朋友找到我,说可以接一个地区的优化项目,然后根据病人到医院的就诊量来盈利。我当时并没有太多的工作要做,也拥有许多好的第三方资源平台,于是就接手了这个项目。之后在四月份的时候我优化出了150个关键词,排在首页的高达80%以上。所以当月也有到诊量,虽然并不多。

但是在一个月之后我发现,许多词没有继续优化的必要,而且依靠到诊量收益太慢。于是在五月初的时候,我就开始通过自己的营销方法,如提高网站排名并在QQ群中群发广告。广告内容大致是在自己的自媒体平台为医疗行业发布医疗广告,而且收费相对来说比较低。自媒体平台的收费标准一般是10元/篇,百度百家是150元/篇,但百度百家包首页。包首页的意思是,通过对方提供的网站标题和文章,只收取上首页的费用。

之后很快有许多人开始找我,并想进行测试。因为是网络平台,所以存在风险,很多人测试之后担心排名会掉下来。几天之后我遇到了本地的一位客户,通过我提交的标题,很快将他的网站排名优化做到了首页,当然这一切的功劳都要归功于百度百家这个网络平台。后来通过朋友介绍,我又认识了一位公司老板,通过详谈后达成了合作的意向。

我们谈了很多,而他作为前辈,对于我的营销方式也很赞赏,几天后便将项目款转给了我,使我在那一周的收入达到了两万。

后　　记

本书的读者对象为 SEO 初学者，从 SEO 的定义到 SEO 进阶，从学习到实操，旨在一步步地加强 SEO 初学者的实操能力。

SEO 不止是技术，方法也很重要

互联网时代，让越来越多的人通过互联网挣到了第一桶金，尤其是在互联网刚起步的时候，一些有远见的 80 后，通过自己对互联网的热爱和坚持，取得了或大或小的成功，甚至有些人因此改变了自己一生的命运，这些人成为了我们学习的榜样。但是互联网企业的竞争也是激烈的，早点发现先机早入行，比市场趋于成熟时再入行要好做多了，尤其是在互联网企业越来越多的情况下。

相比 80 后的人学习 SEO，对于 90 后程序员出身的我来说简直是太轻松了，至少技术是需要花时间和精力去学习的。但是早期时却并不是这样的。熟悉互联网的"老兵"都应该知道，2010 年之前的互联网不像现在需要遵循各种 SEO 规则，当时的 SEO 可谓是毫无技巧可言。我们可以推算一下，当时的 80 年的人在 2010 年已经 30 岁了，再往前推算，如果他们 25 岁开始坚持去做一件事，30 岁那年应该是可以做好并且成功的。

例如一些知名的站长、博主（如卢松松、牟长青、夫子等）都是 80 后的人。我们再来看 90 后的人，到 2017 年他们也已经 27 岁左右了，但是在互联网上通过 SEO 成名的 90 后的人却很少。这种看法我在 2015 年的时候，在 80 后的站长圈中就提出过，但最后得出的结论是"时势造英雄"。时机和做事同样重要。而 90 后的年轻人要想在现在的互联网环境下创业的话难度也是越来越大。

但是难度大并不代表就做不好，无论你是 90 后还是 80 后的人，只要有心就能做好。SEO 搜索引擎优化技术发展到现在，已经不是最初的时候只要会打字，能在网上发文章就能做好了，而是需要不断地创新，迎合用户的需求，分析用户的想法，提高用户体验的一门高端技术，但是它又不仅仅只是一门技术。本书中详细介绍了 SEO 的各个知识点，但更多的是介绍方法和实操，教会读者怎么规避一些不必要的问题，怎么创新才能将 SEO 做得更好。

创业寄语：创业，并不是人人都适合

在我刚创业的那几年，有一个很不好的行为，就是逢人就说创业，甚至怂恿别人去创业。而在我创业失败一两次之后，不再向人诉说我的创业之路，也不再怂恿他人创业了。现在的我更理性，更希望大家都能有一份稳定的工作，和一个和睦的家庭。当然，如果有人希望通过创业来改变自己的生活，我依然会支持。之所以这么说，是因为创业的路上遇到了太多太多的困难，这些困难让我成长并让我明白了许多道理。

我不知道现在还有多少年轻人想创业，也不知道这些想创业的年轻人是怎样想的。他们是为了追求更多的钱财而创业，还是为了摆脱乏味的工作而创业。创业其实说难也不难，如果是为了圆心中的一个梦想，觉得自己如果不创业就会后悔一辈子的话，那么就大胆地去做吧。但是如果是因为无法找到合适且高薪的工作，甚至仅仅因为不想上班而去创业的话，对于这样的创业者，我在这里奉劝一句：还是仔细考虑一下吧，因为创业并不是你想的那么容易。

我认为想要创业的前提是：第一，至少有一份稳定且在同龄人中算高薪的工作；第二，家里有钱能够让你一展拳脚。二者任选其一。对于像我这样家庭条件一般的人来说，自然达不到第二点。所以想要创业，那就必须满足第一点。如果你连一份高薪的工作都没有，就想着通过创业来改变自己，如果成功了自然是好事，但是如果失败了，那么你拿什么面对以后的生活？

在笔者创业的几年里，遇到过形形色色的人，见识到了不少的成功者，但更多的是失败者。他们有的像笔者一样，最初有着高于同龄人的薪资，有着一份能够养家糊口的工作，虽然最后创业失败了，但是也吸取了许多经验。我曾经问过他们：以后还会创业吗？他们都会回答：等存点钱，年龄大了更加稳重了，会接着创业。

徐小平曾说过：创业需要经验，不是人人都适合。年长一辈成功的创业者说的话，更加值得我们借鉴。所以我们不要过度轻信媒体宣传，媒体的目的往往是炒作，一些在前两年所谓成功的 90 后创业者，不过是资本大佬下的"棋子"，被媒体炒作后虚荣心得到了满足，背后的投资大佬也成功吸引了大众的目光，但是最终这些创业者不过是昙花一现。现在仍有许多 90 后依然幻想着有一天自己被某个大佬看中，投资一笔钱，最后自己就能"飞上枝头变凤凰"。

创业就像人生的理想，不同年龄段的人有着不同的理想。创业也是如此，不同阶段的人对于创业也有不同的理解。我们需要通过对自己的了解，对社会的了解，对身边资源的了解来判断自己是否适合创业，而不是盲目跟风。切记：创业，并不是人人都适合。